U0114298

新總統 的
財經課題

陳鴻達 著

博客思出版社

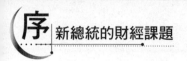

小英的挑戰、小英的思路，近距離觀察

　　大選前各方為研擬選戰策略，除了對候選人進行支持度調查外，也會對民眾關心議題進行分析。不管誰做的民調都顯示，改善經濟是民眾最關心的議題，遙遙領先其他政治性議題。並且隨著國內外經濟環境的惡化，對新總統打開經濟僵局的期望也就越高。而大選期間關於經濟議題的最大爭辯，就是如何解決低薪問題。

如何打開低薪僵局悶經濟

　　大選總統辯論會中，朱立倫以四年內大幅調高基本工資到三萬元，來向蔡英文叫陣。朱立倫說他的理論基礎是，薪資帶動成長(wage-led growth)，並說有數百位經濟學家向歐巴馬總統發表公開信，建議大幅調高基本工資。

　　朱立倫原本以為出這一猛招，蔡英文會不知所措。事實上如何解決低薪問題是民進黨最關注的議題之一，而薪資帶動成長理論當然在內部也經過多次辯證過。因此她認為，若只是要求雇主加薪，那問題也未免太容易了。造成台灣目前低薪的原因，有很大的比例可歸咎於整個產業的創新不夠，因此無法創造足夠的優質工作機會。因此她的經濟政策主軸是：創新、就業與分配。

　　筆者認為蔡英文並非否定薪資帶動成長理論，而是認為朱立倫濫開選舉支票，曲解這個理論來背書。恐怕支持這個理論的學者，以及署名給歐巴馬公開信的學者都不會同意

朱立倫的說法。此外將大幅調高基本工資與薪資帶動成長畫上等號，也是大有問題。因此她主張制定最低工資法，明訂制定基本工資時所需考量的相關指標，例如勞動生產力的提升、經濟成長率與通貨膨脹等因素，絕不要像朱立倫這樣選前信口開河，瞞天要價。

創新創業必須從學校開始

筆者有幾次近距離聆聽蔡英文對未來經濟政策的描繪，聽她侃侃而談，可知她對這些議題已從各種不同角度思考過。例如她知道未來的經濟必定要大轉型，因此如何協助產業創新與協助青年創業，將是她施政的重點。

她說年輕人創業的能力必須從學校開始培養，不能畢業後才開始摸索。然而目前學校的教育與訓練，卻嚴重缺乏相關能力的培養，因此學校教育必須改弦更張。學校要能培養學生的想像力、領導力與組成團隊的能力，讓整個受教育過程都是在培養創新與創業的能力。透過教育過程來厚植創新創業的能量，在學校裡跟著老師從生活經驗中學習，培養對周遭環境的敏感度，對各種事務提出改進方法。除了書本上課獲取知識之外，經由參與各種活動來發展人際網絡和領導力，也都是在替未來的創新創業打基礎。

她又說，價值必須從新被定義。學校必須是一個實作的場所，黑手實作經驗是創新創業的開始。我們必須培養不怕失敗的心態，並且從失敗中總結經驗，一步步邁向成功。也就是說要培養學生不怕失敗的心理素質，以及重新塑造看重

實做與生活經驗的價值體系。

她喜歡舉史丹福大學為例，認為學校要扮演好「育成」和「連結」的工作，協助創業者與其他社會部門做連結，因為這是創新創業的兩個關鍵詞。學校除了提供各種協助外，學生也會找同學當作創業夥伴。不同科系的同學，還能進行跨領域的合作。

近年來台灣在人才上出現嚴重的逆差，不但留不住本國人才，也攬不到國際人才。根據英國牛津經濟研究機構的研究指出，台灣外移人口中，專業人才佔比高達六十一‧一％，人才外移全球最嚴重。另一方面洛桑評比與世界經濟論壇同時指出，台灣在吸引人才的評比中連續在亞太七國中墊底。因此她強調，搭一個能吸引各種人才來盡情發揮的舞台，政府責無旁貸。

政府應結合國內外產學研力量，全力促成相關產業的發展機會及舞台。相關配套包括：鬆綁學校及其師生參與創業規範、放寬高階及技術人才簽證及移民條件、解決薪資所得高稅率問題、以及完善天使、創投及IPO機制等。當然政府對未來的發展也應該要有一個明確的願景，像是物聯網(IOT)、工業4.0、再生能源、生技、健康照護等領域，也將是台灣產業發展的重要議題。

分配正義從堵住租稅漏洞開始

在準備與七大工商團體會談的議題時，對方有一個提問是，「政府如何協助企業配合國際溫室氣體減量的同時，同時

兼顧國際競爭力。」因為那時聯合國氣候變化綱要公約的巴黎協議剛通過，且國民黨在立法院提出許多減稅法案，因此筆者建議是不是在產業創新條例中，把購置節能減碳設備納入租稅優惠範圍。結果筆者這個自認為討喜的建議馬上被她拒絕。

反對的理由是，過去獎勵投資條例與產業升級條例，共造成一兆多元的稅式支出，現在好不容將此租稅漏洞補起來，不能輕易再打開。過去的產業升級條例把節能減碳與污染防治設備都納入租稅優惠範圍，但實務上有認定困難，因為新的設備大都比舊的節能與減少污染，那是否採購新的設備都要給予租稅優惠？因此她認為政府可以編預算補助業者購買有實質節能減碳的設備，而不是給予租稅優惠。這兩者的程序不同，意義不同，結果也會不同。

在總統辯論會中，朱立倫要開徵富人稅，企圖挑起民粹來激勵其低迷的選情。這個政見對台灣的租稅問題，可說是誤診病情下錯藥。但由於台灣租稅的結構性問題不易三言兩語說清楚，因此她只質疑對手未交代如何徵？對誰徵？將像過去的三環三線，選後都不見。

事實上今天台灣最迫切的稅改是修補租稅漏洞，而不是再調高稅率。因為目前台灣綜合所得稅的最高邊際稅率為45%，高於OECD國家平均的41%，在世界上算是前段班。但由於租稅漏洞大，使得總稅收佔不到GDP的13%，可說是低稅負國家。這種不正常的稅制，不但讓誠實納稅者承擔沉重的

稅賦，也誘使大家避稅、逃稅。朱立倫貿然提出富人稅，只會讓台灣的租稅更加畸形。

目前許多企業利用作帳，把利潤留在境外免稅天堂，讓在台灣立案的公司沒獲利而不用繳稅。為避免企業往海外避稅，行政院曾提出所得稅法第43條之3與之4的立法，強化對這些境外公司的課稅工作。可惜被國民黨立院黨團技術性封殺掉，若真的要開徵富人稅，卻不見朱主席當時有任何反應。

會不會溝通差很多

在與七大工商團體會談時，工鬥團體到現場抗議，並指責這是「接受財團口試」。對於如此嚴厲不實的批評，當天她還是答應會與該團體見面溝通。在與幕僚討論工鬥團體的訴求時，她堅持不亂開支票，並重申寧可現在被罵，也不要日後跳票被罵。

因此當工鬥團體要求恢復勞基法施行細則所刪剪掉的七天國定假日時，民進黨認為這過於簡化這個問題，不願正面承諾，會場中的氣氛也一度凝結。接著工鬥團體講到要將外籍看護工納入勞基法保障時，陪同接見的李應元立委突然發言說，這個問題請主席來回答。

她說照顧自己親人都需要喘息了，更何況這些飄洋過海來台的姊妹。因此她若當選一定儘速讓這些外籍看護每周有喘息的時間，這段時間的照護工作由政府長期照顧來接替。讓她們能無牽掛的休息，也能提高照護的品質。她娓娓道

來，讓在場長期關注移工議題的陳素香代表表示認同。她說日後大家若在街頭相見，也請大家要回想起我的為人，整個會場竟然溫馨起來，會談時間自然超過預定時間。會後她再與會談代表寒暄一輪，對一位年輕的代表說，您很像我哥哥的小孩。她說她的政府一定是最會溝通的政府，她自己也不斷進化中。

老實說，當天民進黨沒太多具體承諾，只是有誠意的提出解決問題的方向，而做法也與工鬥團體的訴求不盡相同。會後工鬥團體的老大哥毛振飛在臉書只寫下「路還很長」四個字。為什麼工鬥團體幾乎沒得到具體承諾，卻無口出惡言呢？我認為是勞團自己也知道這些問題都不容易解決，各有各的立場，但執政者是否有用心理解，有誠意解決，交手後大家都心知肚明。

新總統的課題有多重

本書的內容主要是近一兩年筆者在報章雜誌發表過的文章，另外貧富差距與永續能源那兩篇則分別是為黨部與新台灣國策智庫所寫的報告。每篇文章所討論的問題，到現在幾乎都還沒解決，都將成為新總統難以迴避的課題。新總統的擔子有多重，可想而知。

目錄

第3篇　　財政預算　　　　70

第*8*篇　能源政策　　171

第 *1* 篇

租稅改革

高稅率與大漏洞並存的荒謬

　　有人說台灣萬萬稅，又有人說台灣稅收偏低。同樣一套稅制，為什麼會有如此截然不同的感受呢？因為台灣同時存在高稅率以及租稅大漏洞，以至於橫看成嶺側成峰。台灣綜合所得稅的最高邊際稅率為45%，高於OECD國家平均的41%，在世界上算是前段班。但由於漏洞大使得總稅收佔不到GDP的13%，可說是低稅負國家。這種不正常的稅制，不但公平性為人所詬病，對於吸引國際人才與投資更是一大阻礙。

一、誠實納稅者負擔沉重

　　根據財政部102年綜合所得稅申報統計顯示，年所得淨額在一千萬以上者有8372人，總共繳了878億元的所得稅，平均每人繳稅超過一千萬元。這八千多人占總納稅人的0.14%，其所得只佔全國所得的4.97%，卻貢獻綜合所得稅收的31.25%，其負擔不可謂不重。長期下去是否有殺雞取卵的後果，值得密切注意。

表一、102年綜合所得與應納稅額分配比例

級距 （單位萬元）	納稅單位 （％）	綜合所得總額 （％）	應納稅額 （％）
淨所得為0	35.71	14.1	0
0-52	44.41	35.02	9.31
52-117	12.57	20.73	13.52
117-235	5.18	14.31	16.85
235-440	1.52	6.96	14.89
440-500	0.14	0.91	2.66
500-1000	0.34	3.00	11.51
1000以上	0.14（8372戶）	4.97	31.25 （878億元）
合計	100.00	100.00	100.00

資料來源：102年度綜合所得稅申報初步核定統計專冊

二、租稅漏洞太多太大

　　另根據財政部102年所得稅資料，全體國人捐給各級政府的現金只有14億元，但捐給各基金會的現金卻高達373億元。同時年所得超過百萬元以上，但透過各項免稅或扣除額，使得所得淨額為零，不用繳稅的人，竟將近3萬人。由此可知捐款抵稅之浮濫。當務之急應是檢討限縮各類捐款的免稅規定，特別是對基金會的捐款或實物捐獻所取得的租稅減免一定要檢討，逐步收回流失的稅基。

表二、102年綜合所得捐贈扣除統計

捐款對象	捐款金額（億元）
政府	17.7
基金會社團法人	373.5
私立學校	2.7
政黨與政治團體	0.9
候選人	0.1
合計	397.3

資料來源：102年度綜合所得稅申報初步核定統計專冊

表三、102年綜合所得百萬元以上，應納稅額為零之統計

綜合所得級距	戶數
100-200萬元	28867
200-300萬玩	71
300-700萬元	14
700-1000萬元	2
1000-2000萬元	3
2000萬元以上	1

資料來源：102年度綜合所得稅申報初步核定統計專冊

　　此外台灣還有巨大的「利差」誘使有錢人逃稅或做租稅規劃。例如台灣的個人綜合所得最高邊際稅率高達45%，但營利事業所得稅只有17%，全球最低之一。如此大的稅差，誘使許多人開設公司來取代個人的收支，達到避稅的效果。

　　再如台灣對外資的股利採分離課稅，稅率只有20%，遠低於高所得國人的47%。再加上外資從一開始就免於證所稅

的風暴，更誘使國人在境外成立紙上公司，再以外資之姿回到台灣享受較低稅率，租稅公平性屢遭質疑。這也難怪台灣金融帳連續20季大額逆差，而外資進入台灣大都以投資股市為主。

三、未來稅改方向

因此政府對於反避稅的立法與落實必須加把勁。目前所得稅法雖然已經對移轉訂價有所限制，但許多企業還是透過此辦法，把利潤留在境外免稅天堂，讓在台灣立案的公司沒獲利而不用繳稅。因此財政部應加強對移轉訂價的查緝，以杜絕企業利潤往海外避稅。而立法院也應加速所得稅法第43條之3與之4的立法，強化對這些境外公司的課稅工作。

結語

無可諱言的，租稅會影響人才與資本的流動，因此對一個國家的競爭力有深遠的影響。台灣現行的所得稅架構，同時存在「高稅率」與「大漏洞」，也就是鼓勵避稅，懲罰誠實納稅者。如此不健康的租稅環境，不僅稅收流失，更很難吸引人才與投資。因此當務之急是修補前述租稅漏洞，同時調降最高邊際稅率，如此才能兼顧租稅公平與國家競爭力。（原登於天下獨立評論，2015年11月19日）

全球肥咖條款啟動，台灣反避稅不能再拖

　　由於國際經貿的日益頻繁，各國對資金進出日益開放，使得各種資金在全球快速流通。各國政府若對其國人的各種資產缺乏掌握，並給予合理的稅賦，那不但是主動放棄對此的課稅權利，也將加速國內資本流失。因此目前各國政府越來越積極展開租稅合作來對抗跨國避稅，台灣政府的作為相對消極被動。這不但對誠實在國內納稅人不公平，日後政府與各國進行雙邊或多邊租稅談判時，也將缺乏談判籌碼。

　　國際組織合作抓跨國避稅

　　為了解決此跨國問題，OECD與歐洲議會在1988年制定了「租稅相互行政支援公約，Convention on Mutual Administrative Assistance in Tax Matters」，共同合作對抗海外避稅。目前已經有超過60個國家以及10個自治區簽屬此公約，包括G20所有會員國、金磚四國以及許多開發中國家。此公約也加速了各國制定國內租稅法，來進行國際合作。

　　美國在2010年通過（2014年實施）「肥咖條款，Foreign Account Tax Compliance ACT（FATCA）」之後，OECD對此議題更加積極。在2014年10月，前述公約更進一步制定出「多邊有能當局協定，Multilateral Competent Authority Agreement」，目前已有51個國家或自治區簽署。這項協定要求各國政府從2017年開始進行租稅資訊交換，以利各國打擊避稅或逃漏

税。過去被認為是藏匿資金好地方，像是瑞士、開曼與維京群島等，都已經簽署。

全球肥咖條款即將成形

為了使各國提供的租稅資料更標準化，前述公約在2014年11月制定了「與稅務有關財務帳戶自動交換標準，Standard for Automatic Exchange of Financial Account Information in Tax Matters」。而這些資訊的提報標準，將比照美國肥咖條款所要求的格式。因此目前在國際上，已經出現一股「全球肥咖條款，Global FATCA）」風潮。

此外OECD在2014年，也開始推動「稅基侵蝕與利益轉移（Base Erosion and Profit Shifting, BEPS）計劃」，為80個開發中國家提供租稅管理諮詢，來破解各種跨國的避稅手段。例如利用作帳（移轉訂價）方式，把營運利潤留在免稅的境外公司，或虛列利息等費用，用以逃避應有的租稅。

台灣反避稅原地踏步

2013年4月1日立法院財政委員會完成行政院版「反避稅條款」的審查，原本應該很快完成三讀程序，結果迄今仍無法完成三讀。使得政府遲遲未能針對國人設在海外公司的獲利，進行課稅。雖然民進黨多次要求完成立法，但財政部表示希望在「兩岸租稅協定」簽署後，再完成立法。又因為部分台商擔心兩岸租稅協定，會被中國利用來抓台商的逃漏稅，因此反對政府簽署。因此在各國努力合作反避稅時，台灣還在原地踏步。

　　雖然我國已經與28個國家簽署租稅協定，但此數量偏低，遠低於韓國80個、新加坡71個、中國99個，連泰國56個也比我們多。此外我國與資金流向較密切的國家，也多未簽署租稅協定，因此無法進行交換資訊。台灣若不急起直追，自外於此全球潮流，未來恐將付出昂貴代價。

皮凱提的全球資本稅

　　海外避稅一直是各國政府的痛，不但侵蝕稅基，也讓各國政府競相以降低稅負來吸引或留住資金。經過這一段時間的惡性競爭，各國政府的稅收萎縮，財政赤字增加，貧富差距擴大，社會矛盾惡化。近來最受矚目的法國經濟學家皮凱提，在其「二十一世紀資本論」一書中，為這種病灶開出的處方是，開徵全球的資本稅。

　　過去大家認為這難度很高，連皮凱提在書上都說這個想法有點烏托邦。但由於近年來各國社會的矛盾日深，佔領華爾街運動在各地風起雲湧的響應後，使得各國政府開始做出具體回應。而OECD進來的那些突破性做法，讓皮凱提的處方顯得不是那麼遙遠。

結語

　　已經有熟悉國際租稅的專家指出，我國各種反避稅措施停滯不前，未來可能反而使得我國企業遭受他國不合理查稅。而企業家也應拋開過去思維，不再以免稅天堂來規避稅負，才能降低被追稅及罰金的風險。（原登於想想論壇，

2015年1月29日）

當租稅天堂落幕

　　過去各國經常有許多富人在開曼、維京群島等「免稅天堂」開設紙上公司，以進行避稅；或是在以保護存款戶資訊著稱的瑞士銀行藏匿資金。未來這些租稅天堂將陸續落幕，特別是美國的肥咖條款啟動後，OECD等國加速多邊租稅合作的進程。目前已經掀起一股「全球肥咖條款」風潮，台灣政府與富人也無法自外於這股潮流。

國際租稅合作制度逐步建立

　　為避免人們利用各國稅制差異，以及資訊不透明，達到跨國逃漏稅問題，OECD與「歐洲理事會，Council of Europe」，在1988年制定了「租稅行政互助公約，Convention on Mutual Administrative Assistance in Tax Matters」，要求各簽署國承諾共同合作打擊跨國逃漏稅，並避免差別待遇與雙重課稅。

　　為了加強公約的執行力，公約在2011年6月通過增修條文，具體要求各會員國的義務包括：1. 資訊交換，必要時協助進行稅務查核。2. 協助徵收稅款，或對欠稅之納稅義務人之財產進行保全。3. 協助將相關公文書，送達納稅義務人。目前已經有84個國家或地區簽屬此公約，包括G20所有會員國，金磚四國，以及許多開發中國家。此公約也加速了各國制定國內租稅法，來進行國際合作。

美國肥咖條款加速國際合作進程

美國在2010年通過（2014年實施）「肥咖條款，Foreign Account Tax Compliance ACT（FATCA）」之後，各國群起效尤。OECD與歐洲理事會於2014年10月，在前述公約之基礎，更進一步制定出「多邊主管協定，Multilateral Competent Authority Agreement」。該協定在2014年11月，比照美國肥咖條款所要求的格式，制定了「金融帳戶稅務資訊自動交換準則，Standard for Automatic Exchange of Financial Account Information in Tax Matters」。

目前已有52個國家或地區簽署此協定，這些國家從2017年9月開始，其境內金融機構的帳戶資訊，每年將自動進行稅務資訊交換，以利各國打擊避稅或逃漏稅。過去被認為是藏匿資金好地方，像是瑞士、開曼與維京群島等，都已經簽署。因此目前在國際上，已經出現一股「全球肥咖條款（Global FATCA）」風潮。

國際租稅合作發展進程

	稅務行政互助公約	多邊主管機關協定
開放簽署時間	2011年6月	2014年11月
已簽署國家或地區	84個國家或地區（截至2014年12月8日）	過52個國家或地區（截至2014年11月19日）
資料交換方式	個案方式交換	金融機構之帳戶資訊每年全部交換
台灣情況	未簽署，但與28個國家簽署的租稅協定中，有資訊交換條文	未簽署，正評估台灣簽署的可能性

已經簽署「多邊主管機關協定」，並承諾資訊交換之國家或地區

承諾於2017年9月送出第一批資訊交換國家與地區
Anguilla、Argentina、Belgium、Bermuda、British Virgin Island、Cayman Islands、Colombia、Croatia、Curacao、Cyprus、Czech Republic、Demark、Estonia、Faroe Islands、Finland、France、Germany、Gibraltar、Greece、Guernsey、Hungary、Iceland、Ireland、Isle of Man、Italy、Jersey、Korea、Latvia、Liechtenstein、Lithuania、Luxembourg、Malta、Mauritius、Mexico、Montserrat、Netherlands、Norway、Poland、Portugal、Romania、San Marino、Slovak Republic、Slovenia、South Africa、Spain、Sweden、Turks & Caicos Island、United Kingdom
承諾於2018年9月送出第一批資訊交換國家與地區
Albania、Aruba、Austria、Switzerland

自外於此潮流的風險

目前台灣既未簽署「稅務行政互助公約」，也未簽署「多邊主管機關協定」。財政部表示，我國已與28個國家簽署租稅協定，未來將視情況決定是否參與簽署。但我國已經簽署租稅協定的數量偏低，遠低於韓國的80個、新加坡的71個、中國的99個，連泰國的56個也比我們多。此外我國與資金流向較密切的國家，如美國、中國等也多未簽署租稅協定。

依據以往國際經驗，未簽署國際租稅協定，易被認為是不合作，進一步被列為刻意提供「租稅庇護」的黑名單。這將使得各國對於與我國人民及企業之交易，要求提供更多稅務資訊，甚至限制國人享有優惠稅率或課以較高稅率。在此情形下，不但損及國人權益，也降低台灣對外資之吸引力。

國人與政府應有新思維

過去國內有許多企業或個人，在免稅天堂開設公司，再利用移轉訂價等方式，將利潤留在該地，以達到避稅之效果。但這些企業家應拋開過去思維，因為維京與開曼群島等地，都已經簽署了多邊主管機關協定。未來海外避稅的成本將更高，效益更差。與其浪費心思於此，不如誠實納稅。

由於國際經貿的日益頻繁，各國對資金進出日益開放，使得各種資金在全球快速流通。各國政府若對其國人的各種資產缺乏掌握，並給予合理的稅賦，那不但是主動放棄對此的課稅權利，也將加速國內資本流失。因此目前各國政府越來越積極展開租稅合作來對抗跨國避稅，台灣政府的作為相對消極被動。這不但對誠實在國內納稅人不公平，日後政府與各國進行雙邊或多邊租稅談判時，也將缺乏談判籌碼。

結語

法國經濟學家皮凱提，在其「二十一世紀資本論」一書中，對於貧富差距惡化所開出的處方是，開徵全球的資本稅。過去大家認為這難度頗高，但由於近年來各國社會的矛盾日深，催促國際多邊租稅協定的突破性做法，讓皮凱提的處方顯得不是那麼遙遠。現在國際間要求提高租稅透明度、合作打擊不法逃漏稅，已蔚為風潮。如此不但有助於租稅公平，政府也可以取得合理稅收，更是縮小貧富差距的基礎。

（與李應元合著，原登於天下獨立評論，2015年2月16）

被模糊的稅改工程

　　日前立法院通過所謂歷年來最大的加稅案，將所得稅的最高稅率從40%提高到45%，另將股利折半扣抵，預計可增加數百億元的稅收。事實上這並不是當前最迫切的稅改項目，並且若缺乏配套措施，甚至還會引發更為惡劣的後果。

　　根據財政部的所得稅資料顯示，所得稅適用40%級距的人，佔總人數不到1%，但其所繳納的金額卻占所得稅總稅收的一半以上。因此對於這些誠實納稅的高所得者，全民都應該表示敬意，因為他們沒有用其他避稅手段。現在將最高稅率提高到45%，並且股利扣抵折半，會不會驅使他們也採取避稅措施？尤其馬政府對於防止海外避稅的立法，遲遲不願進行。在租稅漏洞未修補前，加稅的措施恐怕落得事倍功半。

　　事實上若要縮小貧富差距，減輕民眾的相對被剝奪感，稅改就應該從不動產稅制著手。根據今週刊在去年底，針對國內億元富豪所做的問卷調查顯示，過去3年有三成的受訪者財富增長20-30%，另有三成四的人財富增長40%以上。其中有將近六成的受訪者表示，其財富來源為房地產交易。但令人遺憾的是這些人在房地產賺取了大量的財富，不但沒有繳交相對應的稅給政府，還留給社會是一個高不可攀的房價市場。

　　根據內政部營建署公布的最新數據顯示，台北房價所得比高達15倍，高居全球第一位，並且購屋後平均每月貸款償還金額超過所得的六成。也就是說，即使擺脫無殼蝸牛的困境，接下來也必須面臨繳房貸的煎熬。因此民調顯示台北有56%的年輕人因為住屋問題而考慮晚婚，有65%的青年人因買房壓力而不想生小孩。這也難怪不管是官方或是民間的民調都顯示，房價不合理飆漲，是當前民怨之首。

　　而整個問題歸根究底，就是我國獨特的房地產稅制存在著嚴重缺陷。目前國人買賣房屋時，一定是屋殼與其土地持份一併購買，很難切割土地多少錢，屋殼多少錢。但依現行稅制，房屋交易時必須要繳房屋交易所得稅與土地增值稅。硬做如此切割的結果，便是兩者都低於實際行情。並且由於土地公告現值每年只公告一次，因此交易頻繁的炒作者，若在一年內就買進賣出，很可能就避掉土地增值稅。由於無法實價課稅，等於鼓勵房地產炒作。

　　因此未來最主要的稅改工程，就是將房地合一課稅，以符合市場的交易習慣，唯有如此才有可能進行實價課稅。也唯有讓房地產交易所得繳交合理的稅負，社會資金才會有效率的運用，不會集中於囤積炒作不動產。若不儘速進行改革，整個社會的矛盾將更加嚴重，甚至造成難以彌補的撕裂。（原登於天下獨立評論，2014年6月3日）

稅改的政治決心

　　前幾天媒體接連以顯著版面報導，財政部將推動「房地合一」的稅改，以改善房地產交易高所得、低稅負的不合理情形。事實上為了解決這個問題，在1990年召開了「全國土地問題會議」。在過去四分之一個世紀過中，政府推動了五次，最後都無疾而終。本次財政部再度提出，再次考驗執政者的政治決心。

　　當前不動產交易稅制如此複雜，又無法落實實價課稅，主要是稅法設計與買賣習慣有落差。國人買賣房屋時，一定是屋殼與其土地持份一併購買，很難切割土地多少錢，屋殼多少錢。但依現行稅制，房屋交易時必須要繳房屋交易所得稅與土地增值稅。硬做如此切割的結果，便是兩者都低於實際行情。並且由於土地公告現值每年只公告一次，因此交易頻繁的炒作者，若在一年內就買進賣出，很可能就避掉土地增值稅。由於無法實價課稅，等於鼓勵房地產炒作。

　　大家都知道全世界只有台灣採「房地分離」，因此有以上缺失，為什麼改不了呢？過去有人推托給憲法，因為憲法第143條規定，「土地價值增加……應由國家徵收土地增值稅」。也就是說憲法規定土地與房屋分離，必須修憲才能進行房地合一。修憲門檻又那麼高，使得「房地合一」的稅改遲遲無法實現。

　　事實上若無法修憲，還是有其他變通的方式，能達到實質的房地合一。例如在綜合所得稅中，將房屋交易所得的內涵定義為包括屋殼與土地之交易，然後進行實價課稅。但因憲法規定的土地增值稅無法廢除，所以讓土地增值稅可扣抵新的房屋交易所得稅，以避免重複課稅。如此便可在不修憲的情形下，達到實質針對不動產交易所得進行實質課稅的效果。

　　若擔心房屋交易所得併入綜合所得計算，會造成邊際稅率大幅提高，民眾負擔太大。那麼我們可以採分離課稅，並讓自用住宅適用優惠稅率。如此便能兼顧保障人民居住的權益，同時抑制人民囤積與炒作房屋。

　　因此過去房地合一稅改的失敗，不是「不能」的問題，而是「不為」的問題。近日中央研究院的院士開出房地合一的處方，財政部也同意此方向，立委提案更是在今年四月就已送財政委員會審查。因此現在萬事俱備，只欠東風，那就是執政者的政治決心。（原登於天下獨立評論，2014年07月15日）

房地合一稅改的最後拼圖

在千呼萬喚後，行政院院會終於通過「房地合一」的所得稅法修正案。雖然距離本人提出的版本，整整慢了一年一個月，但還是加以肯定。而行政院版的內容，經過社會多方鞭策後，除了少數設計有待改善外，大致符合社會期待。這次若再無法完成改革，整個社會失望將更嚴重。

房價問題已至臨界點

這一波房價是從2008年開始起漲，主要是為遺贈稅的大幅調降，使得國人在海外的資金大舉匯回台灣，並投入房地產。當時台北市的房價所得比約為8倍，結果一個總統的任期都還沒滿，已經快速上升到將近16倍。即使社會輿論一再要求進行稅改，並未抑制房價上漲的趨勢，目前的房價所得比還是在歷史最高點。

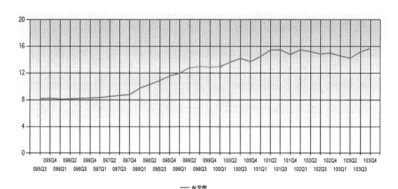

圖1 房價所得比趨勢圖（縱軸為房價所得比倍數；橫軸為年分）
資料來源：內政部不動產資訊平台

同時間房貸所得比則從37%上升到67%，也就是說即使擺脫無殼蝸牛的困境，接下來也必須面臨繳房貸的煎熬，平均每月貸款償還金額超過所得的六成，成為所謂的屋奴。因此民調顯示台北有56%的年輕人因為住屋問題而考慮晚婚，有65%的青年人因買房壓力而不想生小孩。這也難怪不管是官方或是民間的民調都顯示，房價不合理飆漲，是當前民怨之首。

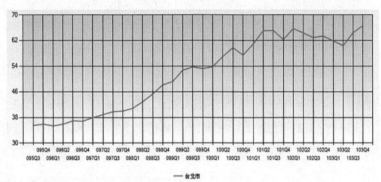

圖2. 房貸所得比趨勢圖（縱軸為房貸所得比例；橫軸為年分）
資料來源：內政部不動產資訊平台

拉大貧富差距的主因

今週刊在2013年底的問卷調查顯示，過去3年有三成的億元富豪財富增長20-30%，另有三成四的人財富增長40%以上。其中有將近六成的億元富豪表示，其財富來源為房地產交易。但由於台灣稅制的缺失，使得這些人在房地產賺的大量財富，不但沒有繳交相對應的稅給政府，還留給社會是一個高不可攀的房屋市場。

房地分離是台灣不健全稅制的根源，全世界也只有台灣

有這種獨特的房地產稅制。目前國人買賣房屋時，一定是屋殼與其土地持份一併購買，很難切割土地多少錢，屋殼多少錢。但依現行稅制，房屋交易時必須要繳房屋交易所得稅與土地增值稅。硬做如此切割的結果，便是兩者都低於實際行情。並且由於土地公告現值每年只公告一次，因此交易頻繁的炒作者，若在一年內就買進賣出，就能避掉土地增值稅。由於無法實價課稅，等於鼓勵房地產炒作。

稅改的最後拼圖

兩年前本辦公室針對房地合一問題質詢過財政部長，得到的答案是，此議題涉及修憲以及其他多種配套法案的修正。事實上許多學界人士早已主張，只要讓房屋交易實價課稅，並讓土地增值稅可以當作費用扣除，那就可以在不修憲的架構下，又不會造成重複課稅。本次行政院的提案就是採此架構，更證明問題的核心不是要不要修憲，而是有無推動稅改的決心。

此次行政院正式送交立法院審議的版本，已經修正許多研議過程中的缺失，但還是有些不足的地方。例如個人短時間炒房所得最高稅率為45%，但公司買賣房屋的所得併入營所稅只有17%。這等於網開一面，讓炒房者以開設公司來避稅。此外行政院版對於此稅收的用途不夠明確，只籠統地說將用於住宅政策與社會福利支出，屆時恐淪為執政者的私房錢。因此建議將此稅收的五成納入住宅基金，另五成納入長

期照護基金，以充實該兩項政策的財源，並避免遭濫用。

結語

　　雖然行政院已經送出版本，但並不表示此次稅改就會成功，未來在立法院的審議中，可預期的將遇到諸多強力挑戰。民進黨在2012年的總統大選中，已將實價課稅列為主要政見，這幾年也多次重申列為稅改的主要目標，現在就看國民黨立委了。若不儘速進行改革，整個社會的矛盾將更加嚴重，甚至造成難以彌補的撕裂。唯有讓房地產交易所得繳交合理的稅負，社會資金才不會集中於囤積炒作不動產，讓總體資源更有效率的運用。（與李應元合著，原登於天下獨立評論2015年5月27日）

多管齊下才能解決房市陳痾

柯P拋出限制第二套房貸款後，引發正反熱烈迴響。可惜柯P竟然龜縮回去，自稱是不成熟的意見。事實上此次發言，雖然沒有命中問題的紅心，但至少有打到邊。需要的是更細緻的論述與其他配套，而不是自認再次失言。

由於台灣目前利息偏低，炒房成本低廉，銀行爛頭寸又多，因此適度限制購屋貸款，減少炒房者的資金供應，確實有其必要。這也就是為什麼中央銀行會下令要求國內各金融機構，對於在大台北地區第二套房最高只能貸款六成，第三套房最高只能貸五成。當然許多人認為央行的限制應該再嚴格一點，例如中國政府就規定，第一套房只能貸七成，第二套房只能貸三成，第三套房就不能貸款。

當然完全限制第二套房貸款極可能引發房市硬著陸，甚至危及經濟。因此前述中國政府的貸款限制成數，應該值得國內參考。此外房地交易所得的課稅，更是必要的配套。根據今週刊2013年底，針對國內億元富豪所做的問卷調查顯示，有將近六成的受訪者表示，其財富來源為房地產交易。令人遺憾的是這些人在房地產賺取了大量的財富，卻沒有繳交相對應的稅給政府，還留給社會一個高不可攀的房價市場。

在各界引領企盼多時候，財政部終於端出「房地合一」的稅改方案，可惜各項規定過於寬鬆，以至於社運界批評說是玩假的。因此財政部4000萬元以上才課稅的門檻必須調降；以及持有兩年就算長期持有，可享有優惠稅率的規定，也必須調高。否則終究只是「沒有牙齒」的法律，虛有其表。

當然只租不售的社會住宅也是必要的規劃。因為當所得都用於繳房貸時，試問哪有錢用於消費？內需不足的情形下，整體經濟當然不會活絡。因此多管齊下，解決房市陳痾，是當前台灣第一要務。（原登於即時蘋論，2015年2月24日）

四分之一凱迪拉克掛身障車牌

在2013年全台掛有身心障礙車牌、排氣量超過3000c.c.的大車，居然高達2萬4802輛，其中BMW有1585輛、賓士（BENZ）為6554輛、凱迪拉克（Cadillac）則是242輛。換算成百分比，全國的凱迪拉克轎車中有23.7%掛身障車牌，BMW則為13.5%，賓士則為10.5%。

據內政部2012年統計，我國去年底領有身心障礙手冊者為111萬7521人，佔總人口4.79％。因此上述名車掛身障牌比率，遠高於身障者佔總人口比率。更令人難以相信，竟然有4分之1的凱迪拉克車主都是身障人士，推測應該是有人濫用制度逃稅。

以目前自用小客車牌照稅額計算，排氣量3001c.c.至4200c.c.，每年稅額為2萬8220元，4201c.c.至5400c.c.則是4萬6170元；由於身心障礙者依《使用牌照稅法》規定，可以免徵牌照稅，因此推估國庫每年稅損可觀。如果這2萬4802輛掛身障牌的大車，都以3001c.c.至4200c.c.的稅額標準來計算，那麼去年國庫就減少7億元的稅收，若有半數車主均是鑽漏洞，形同國庫被A走3億5000萬元。

由於部分身障者坐輪椅，須買較大車子才方便，因此若將免稅優惠全限制在2400c.c.以下，可能影響真正需要照顧的身障者。故後來李應元委員提案修正《使用牌照稅法》，規定2400 c.c.以下的身障車牌才能全額免稅。2400c.c.以上的身障車牌，則必須自行負擔差額。雖然無法面面俱到，但起碼比過去合理多了。

荒謬的減徵貨物稅決策

以獎勵出口、擴大內需與節能減碳之名，行政院提出貨物稅條例修正案，對於出口中古車，再購新車者給予五萬元的貨物稅減徵。這個修正案大家左看右看都覺得奇怪，皆認為是看得到吃不到。因為一個正常人在換車時，怎麼可能找得到國外買主，當然無法享受到換車的減稅優惠。

真相是我們多慮了，這項修法根本不是為一般百姓，而是為租車業量身訂製的。

因為許多租車業標榜是兩年內的新車，以吸引消費者的青睞。那麼屆齡後這批車何去何從？留在國內會增加中古車的供給，進而壓低中古車價格，甚至影響新車的銷售，因此他們希望將這批車外銷出去。

但台灣的新車售價已經普遍高於國外，中古車出口怎麼會有競爭力。於是他們又動到降低貨物稅的腦筋，每出口一部中古車，再購新車時可減免五萬元的貨物稅。

已經圖利如此明顯了，行政院竟然還說因為台灣出口數據不佳，影響GDP表現，所以要獎勵二手車出口。又說獎勵舊車換新車，有助節能減碳，真的是睜著眼睛說瞎話。

這個法案將在本月12日的財政委員會中審查，我們希望國民黨能懸崖勒馬，並將整個法案的內容改為對購買節能標章新車的消費者，給予貨物稅優惠。如此才真的有利於擴大內需，落實節能減碳，並且讓全民受益。（原登於民報，2015年11月10日）

搞懂減稅的深層政治算計

在本屆立法院會期只剩下兩周的時候，財政部突然宣布大減稅，一般人直覺認為這是選前買票，但事實上恐有更深一層的政治算計。本人認為能不能完成修法減稅，已經不是馬政府的主要考量。馬政府的劇本是，當他們提出減稅之議後，引發在野黨質疑，然後減稅沒通過，再對在野黨扣上阻礙修法的帽子。

這些減稅提案都必須完成修法程序，但本周立法院財政委員會的召委潘維剛（國民黨籍），並未將這些減稅法案排入本周議程。而立法院在大選前一個月停會的慣例，使得本屆的委員會幾乎沒有機會審查這些法案。另外由於屆期不連續的規定，這些未審法案也將自動失效。

另外財政部減稅的理由也很瞎，例如他們說很多經濟狀況不佳學生就讀高職的學費不能扣抵，不公平。事實上現在讀高職已經免學費了，試問學費要如何扣抵。這些馬政府當然懂，但內容與結果已經不重要。馬政府的目的是在選前塑造他們努力減輕社會大眾負擔，但被在野黨阻擾的印象。

馬政府此次減稅之議可說是機關算盡，可惜心思沒用在如何改善租稅的公平性。雖然處處選舉政治考量，但民眾也不再是那麼好唬弄了。（原登於自由廣場，2015年12月1日）

第 *2* 篇

金融監理

別讓墜落的中國K到頭

過去在討論兩岸經貿交流時，有些國人擔心對岸會挾其豐沛資金，加強對台灣的控制，達到以商逼政的目的。但經過這段時間的發展，更須讓國人擔心的不是中國有意的對台干擾，而是其墜落的過程中對台灣的衝擊。

中國已經成為經濟與政治隱憂的來源

上個月耶魯大學奧斯林（Michael Auslin）教授在華爾街日報發表「中國墜落的風險，The Risks of a Falling China」一文表示，中國在過去是全球經濟成長的引擎，但目前卻成為經濟與政治隱憂的來源。股市市值蒸發掉三分之一，亞洲其他股市跟著受牽連，重創眾人對其經濟的信心。龐大的政府債務，以及不斷下修的經濟成長率，都顯示其經濟的日益險峻。在政治上南海領土爭端的升高，以及每年數十億次對美國的網路攻擊，也都讓人懷疑其對國際秩序的正面影響。因此我們要思考的是，一個墜落中的中國，而不是一個上升的中國，如何形塑亞洲的未來。

對陸曝險進入暴風圈？

中國股市從今年初開始飆漲，不到半年翻了一翻，之後不到一個月跌了三分之一。在這場股市全民運動中，至少蒸發掉2.5兆元美金，相信也套牢了不少的資金。這對銀行授信品質的衝擊，應該會陸續浮現，特別是本國銀行在中國的放

貸大都沒有抵押品。

根據金管會2015年6月底的統計，本國銀行對中國的總曝險金額為1.76兆台幣，約占其淨值的62%。由於曝險過於集中，因此去年立法院財政委員會要求金管會，對本國銀行在中國曝險進行壓力測試。結果顯示中國經濟GDP的成長率若降為7%，不良貸款率為2.5%，以及利率上升1%時，本國銀行將損失344億元。GDP的成長率若降為5.5%，不良貸款率為4%，以及利率上升2.5%時，本國銀行將損失729億元。

當時許多業者都不認為中國的經濟會掉到如測試條件，但今年中國官方公布第一季與第二季的GDP成長率剛好都是7%，一般認為都是修飾過的數據，真實數據應該都在此之下。因此本國銀行對中國的曝險，很顯然已經進入暴風圈。本國銀行應減少對中國的放貸，加強風險控管，以亡羊補牢。此外應要求追加提供擔保品，改善貸款品質，否則前幾年所賺到的利潤，很可能會一口氣連本帶利還回去。

如何突破困境

摩根士丹利新興市場主管夏瑪指出，中國下一個輸出品恐怕是「衰退」，未來幾年中國可能是全球經濟最大弱源。因此要突破此困境，就必須改變以往台商在中國的發展模式。因為租稅優惠、水電與土地的補貼，已經一去不復返。犧牲勞工福祉與環境，一切只為降低成本，也已經行不通。台灣政府絕不能以延續台商過去在中國的「優惠條件」，來

吸引台商回流。

　　未來產業成長的動能，只有靠創新與研發才有出路。政府能做的就是提高行政效能，不再有漫長的公文旅行。官員必須屏除本位主義與不願負責的心態，要成為業者發展的助力，而不是脫不掉的包袱。健全籌資環境，讓好的創業構想有資金來灌溉。改善居住與經商環境，讓台灣成為海內外各種人才樂於落腳的大舞台，自然能讓經濟充滿活力。

結語

　　中國一著涼，全球必然跟著打噴嚏。尤其是台灣與中國的經濟往來過於密切，因此當這隻飛天巨象從天而降時，所受到的衝擊一定遠大於其他亞洲國家。台灣應重新調整經濟發展的策略，擺脫舊思維，才能避免被墜落的中國直接K到頭。（與李應元合著，原登於天下獨立評論2015年8月17日）

登陸金融業，藍海變紅海？

　　日前驚傳整體台資銀行在中國的分行，8月份出現單月8.5億元的虧損，是本國銀行在中國市場營運四年多來，首度出現虧損。許多人士甚至預測，過去高成長、高獲利的現象已經不再。若再加上登陸的保險業與租賃業已經連年虧損，整個登陸金融業未來的挑戰可能不容輕忽。

新光人壽中國子公司賠一個資本額

　　我國壽險業至中國成立合資公司計有國泰人壽、台灣人壽及新光人壽等3家，成立產險獨資公司計有國泰產險及富邦產險等2家。歷年總累計投資金額121億餘元，但累計虧損卻高達74億餘元。其中新光人壽大陸子公司截至2015年度第2季累積虧損比率達95.57%，投資金額近乎全數賠光。其他如國泰與富邦產險子公司，也分別累積虧損71.53%與65.29%。

　　由於中國車險市場已處於過度競爭之狀態，且當地民眾偏好陸資業者，再加上經營地域窄與業務規模小等限制因素，使得這些登陸業者未來前景不甚樂觀。

表1：國內保險業在中國子公司經營績效　　　　單位：新臺幣千元

項目	臺灣業者名稱	大陸子公司名稱	成立日期	累計投資金額	投資帳面價值	累計虧損比率
合資	國泰人壽	陸家嘴國泰人壽保險	04年	3,533,898	2,191,177	38.00%
	台灣人壽	君龍人壽保險	08年	1,154,966	503,232	56.43%
	新光人壽	新光海航人壽保險	09年	1,095,950	48,501	95.57%
獨資	國泰產險	國泰財產保險	08年	3,707,999	1,055,588	71.53%
	富邦產險	富邦財產保險	10年	2,653,023	920,836	65.29%

※資料來源：立法院預算中心；基準日：104年6月30日。

租賃業整體虧損大於獲利

　　從2012年度至2015年度（6月底止），我國投資之租賃業家數由12家增加至20家，投資餘額由77億餘元增加至194億餘元。投資業者雖然互有盈虧，但整體而言每年還是虧損，其中2014年度虧損近2億元、2015年度（6月底止）近9千萬元。

　　由於中國中小企業財務資訊透明度低，不易掌握其營運變化情形與還款來源、風險控管難度高，再加上外資租賃業家數快速成長、競爭激烈，因此獲利不易。而金管會檢查局2015年9月公布的檢查缺失包括：信用風險控管欠落實、授信品質欠佳、未督促依其風險承擔能力，訂定借款或舉債限額。再再顯示大陸租賃市場變化快速，以及高度風險的經營環境。

表2：國內金融業投資中國租賃公司績效　　　　單位：家、新台幣千元

年度	各年底投資情形		各年度投資績效		
	投資家數	年底投資餘額	年度獲利者家數	年度虧損者家數	稅後損益合計
101	12	7,778,756	5	7	-68,045
102	16	10,797,426	9	7	-4,639
103	19	16,591,694	10	9	-196,868
104	20	19,430,030	16	4	-89,890

※資料來源：立法院預算中心　　　基準日104年6月30日。

登陸金融業沒三年好光景？！

在今年之前每一家登陸台資銀行都賺錢，但今年前半年合庫首先出現虧損，日前更驚傳整體台資銀行在8月份出現8.5億元的虧損。過去被視為金雞母的大陸分行，未來是否變成賠錢貨，值得密切注意。

由於中國近年來總體經濟成長趨緩，為刺激景氣，中國採取多項貨幣寬鬆政策與人民幣貶值。使得台資銀行直接面臨利差縮小，以及匯率損失等諸多挑戰。加上二、三線城市房屋供過於求、地方債築高台、進出口衰退、股市暴漲暴跌造成財富蒸發，也都影響登陸台資銀行獲利。

表3：國內銀行中國分行稅後淨利概況統計　　　單位：新臺幣百萬元

銀行名稱	102年度	103年度	104年上半年
土銀	136	221	192
合庫	56	234	-23
一銀	231	370	303
華銀	130	152	72
彰銀	109	260	131

國泰世華	344	593	566
兆豐	153	312	184
中國信託	35	273	190
台銀	99	282	161
玉山	52	127	19
台企銀	14	69	32
合計	1,359	2,893	1,827

※資料來源：立法院預算中心

風險之外，經營成本高

　　銀行基本的獲利來源是吸收存款，再放貸出去，賺取中間的利差。但登陸的台資銀行在當地所吸收的存款卻非常有限，主要營運資金都來自台灣。截至今年6月底，全體台資銀行在當地吸收存款總額319億元，但放貸金額卻將近1,206億元，存放比達3.8倍。其中又以台銀上海分行的17.3倍居冠，台企銀上海分行10.0倍居次。

　　由於對岸當局限制台資銀行僅能承做人民幣100萬元以上之定期存款業務，加以中國經常出現資金緊俏情形，因此吸收存款不易。使得台資銀行只能用當初設立分行時的資本金，或是向母行或同業拆借來營運。而同業拆款成本高，更推高經營成本而壓縮獲利空間。

結語

　　過去因為中國的種種政策因素，造成大部分貸款都無擔保品，但從2014年6月1日發布《跨境擔保外匯管理規定》後，對於增提大陸擔保品已經不再有何限制。因此登陸國銀

應利用此跨境擔保的新規定，優化曝險部位的授信品質。另應爭取放寬吸收人民幣存款的限制，爭取台資企業開立員工薪資帳戶，改善目前不合理的存放比例。當然其他後續一連串的挑戰是免不了的。（與李應元合著，原登於自由開講2015年10月19日）

富邦金對中曝險飆升，柯P您嘛幫幫忙！

正當央行與金管會在加強國銀對中國曝險控管時，富邦金控卻特立獨行的持續加碼對中國投資，曝險比例持續升高。也許富邦金控認為目前的中央政府已經跛腳，因此對中央的政策不用那麼在意。那麼擁有3席董事，2席獨立董事，持股僅次於蔡家的台北市政府，是不是該出來表示意見。

國銀對中國曝險到底有多大？根據央行統計，截至2014年9月30日，國銀對中國曝險金額已高達536億美金，若加上國銀貸款給設立於第三地的公司，再投資於中國的部分（最終風險），則高達940億美金，且遙遙領先其他國家。國銀對外放款如此高度集中於中國，實在有違風險分散的基本原則。

以個別銀行論，那個銀行對中國曝險最高呢？依據「臺灣地區與大陸地區金融業務往來及投資許可管理辦法」第12條之1規定，「本國銀行對大陸地區（中國）之授信、投資及資金拆存總額度不得超過該銀行上年度決算後淨值之一倍。」根據金管會統計資料，富邦銀行對中國曝險金額從2013年底的台幣739億元，一年中快速攀升到1233億元。曝險金額約佔其淨值的93%，高居曝險第一名，並且瀕臨曝險額度上限。

過去一年多來，為了分散風險，金管會推動「亞洲盃」計

畫，鼓勵國內金融業往其他亞洲國家發展。各大金控都配合金管會的政策，結果只有富邦金控不但不參加，連應付一下都沒有，持續加碼對中國的投資。

富邦金控在2008年首先登陸中國，透過香港富邦銀行參股廈門銀行。2010年於廈門成立富邦財險，2011年與方正集團合資成立方正富邦基金管理公司。去年1月取得上海華一銀行80%控制性股權，並於4月改名為富邦華一銀行，成為兩岸三地均擁有銀行子行的台資金融機構。

事實上我們並不反對金融業登陸中國經營，因為那不切實際，只是希望所有的雞蛋不要放在同一個籃子裡。現在跛腳的馬政府管不了富邦金控，那麼持股第二多的台北市政府，柯P您嘛趕快出來幫幫忙。（原登於自由開講，2015年4月2日）

國銀大陸曝險宜未雨綢繆

為了提升國內金融業的規模競爭力，同時達到分散風險的效果，金管會鼓勵國內金融業者參與「亞洲盃」計畫，到大陸以外的其他亞洲地區進行購併。為此金管會頒布了幾項利多政策，以讓業者有較充裕的子彈以進行海外的投資與併購。結果有些業者拿了這些好處之後反其道而行，持續加碼中國。

去年年初金管會宣布，金融業的投資性不動產，可選擇「成本模式或公允價值模式」擇一評價，並回溯自去年1月1日起適用。之後國內各大金融業陸續針對其投資性不動產，改採公允價值評價。以富邦金控為例，其淨值將因此大增252億元，可供海外併購銀彈也跟著增加。

結果整個銀行業去年加碼投資中國684億元，其中光是富邦銀行投資上海華一銀行就花了271億元。也使得富邦銀行對陸曝險金額從2013年底的台幣739億元，一年中快速攀升到1233億元。曝險金額約佔其淨值的93%，高居國內各銀行的第一名，並且瀕臨法定曝險額度上限。

這也難怪金管會主委在今年初的新春記者會感嘆地說，雖然金融業出國併購已有一定成績，但「有些很積極，有些連動都不動」、「富邦金也是亞洲杯代表隊啊，但我沒看到富邦有什麼具體案例」、「富邦似乎重心在大陸」。

　　根據中央銀行最近一次公布的數據（截至2014年9月30日），國銀對大陸曝險金額已高達536億美金，若加上國銀貸款給設立於第三地的公司，再投資於中國大陸的部分（最終風險），則高達940億美金，並且遙遙領先其他國家。國銀對外曝險如此高度集中於中國大陸，實在有違風險分散的基本原則。

　　去年底立法院財政委員會要求金管會必須針對國銀對大陸曝險，進行壓力測試。金管會針對中國GDP成長率從5.5-7%、利率上升1-2.5%、不良貸款率從2.5-4%等情境，計算本國銀行在各種情境下的可能損失。結果顯失整體金融業的損失將達344-729億元。

　　也許有些金融業者認為這些情境不會發生，但根據中國社科院與世界銀行的預測，中國的高經濟成長已不復見，今年的GDP將面臨7%的保衛戰。那麼隨之而來的不良貸款率，也是可預期的。金融業還能不作好風險控管工作嗎？（原登於即時蘋論，2015年04月14日）

您貪他的利息，他覬覦您的本金
——儘速調整對陸金融風險控管策略

央行每季都會公布「本國銀行跨國國際債權風險分析」，每次公布結果幾乎都是對中國的曝險金額屢創新高，並且遙遙領先其他國家。因此每次發布，都會變成立法院的質詢話題，大家擔心這些貸款有去無回。因此如何調整對陸金融風險控管策略、提高本國國銀（國銀）對陸授信品質，以降低對陸放款的風險，已經刻不容緩。

國銀對陸曝險，屢創新高

根據統計，中國大陸自2013年第3季起，已經超越盧森堡，躍居為國銀最大的債務國。截至2014年9月30日，國銀對大陸曝險金額已高達536億美金。若加上國銀貸款給設立於第三地的公司，再投資於中國大陸的部分（最終風險），則高達940億美金。國銀對外放款如此高度集中於中國大陸，有違風險分散的基本原則。

本國銀行跨國國際債權餘額前十大國家： 單位：美金億元

名次	國家	直接風險餘額	最終風險餘額
1	中國大陸	536	941
2	盧森堡	430	420
3	香港	343	238
4	美國	305	554
5	英屬西印度群島	146	75

6	開曼群島	125	94
7	英國	115	100
8	新加坡	76	43
9	澳大利亞	59	71
10	荷蘭	44	40
合計		2179	2577

資料來源： 中央銀行

部分國銀已瀕臨曝險額度上限

依「臺灣地區與大陸地區金融業務往來及投資許可管理辦法」第12條之1規定，本國銀行對大陸地區之授信、投資及資金拆存總額度不得超過銀行上年度決算後淨值之一倍。截至2014年12月，本國銀行對中國地區的授信、投資及資金拆借總額度達1.76兆元，約佔全體銀行淨值的68%。其中台北富邦銀行約佔其淨值的93%，永豐與兆豐銀行約佔87%，上海商銀約86%，已瀕臨曝險額度上限。

對陸放款沒抵押品

去年年底爆發國銀放貸踩到陸企旭光和索力等地雷股，因為沒有抵押品，所以血本無歸。在立委的追問下，金管會曾銘宗主委表示：國銀對陸企1280億元放款中，僅28%有提擔保品，比國內貸款4成有擔保放款還低。也就是說大家都同意這個問題的嚴重性，只是拿不出對策。

優化曝險部位的授信品質

過去因為中國的種種政策因素，造成大部分貸款都無

擔保品，但現在情況有了轉變。中國在2014年6月1日發布《跨境擔保外匯管理規定》，對於增提大陸擔保品已經不再有何限制。也就是說，登陸國銀可以應利用此跨境擔保的新規定，將原本未提供擔保品的放貸，要求借款單位提供大陸端的擔保品，以做為還款保證，進而降低授信風險。或是優先選擇有大陸擔保品或保證人的授信案，如此便可在對大陸曝險總額不變的前提下，進一步優化曝險部位的授信品質。（註）

調整曝險金額計算方式

目前「對大陸地區之授信、投資及資金拆存總額度計算方法」有兩個值得檢討的地方，第一：它只對直接風險的部分進行管理，不符合國際清算銀行（BIS）的定義，未將最終借款人國別，重新歸類後為「最終風險」，使得對陸曝險金額被低估。

第二，金管會在102年1月18日公布的新版額度計算方法，將銀行同業三個月以內資金拆存，一律以20%計算其曝險額度。這將造成業者「化整為零」，不斷以短期拆借來美化曝險金額。故建議還是應依照巴賽爾協定之風險計算方式，核實計算其風險。

結語

儘管各界咸認為本國銀行的跨國國際債權，過度集中於中國，但部分國銀還是認為中國是一片值得開發的新天

地，希望政府能夠提高放款比例。但俗諺說得好：「您貪他的利息，他覬覦您的本金」。也就是說獲利伴隨風險而生，加強風險控管還是值得深思的課題。此外相關的控管法規，也應儘量符合國際規範，不要自創一套「兩岸特色之金融業務」，來逃避應有的風險控管。

【註】詳細說明，請參閱富蘭德林證券公司（2015），《中國外資銀行跨境業務》一書

（與李應元合著，原登於天下獨立評論2015年3月25日）

台資銀行登陸的風險與機遇

銀行業在對岸是一個受到高度管制與保護的行業，因此同時存在著高獲利、低效率與供應不足，這對於受過自由競爭洗禮的台資銀行來說，可說是一片待開發的新天地。目前幾乎所有台資銀行都急著前往開發，但機會伴隨風險而生。政府在策略上要做哪些風險控管？而業界在操作上如何避險？都值得大家深思。

台灣的曝險情況

在研議開放國銀登陸之初，央行原本提議各銀行在中國地區的投資、授信及資金拆借餘額，不得超過銀行淨值的60%，後來經過業界的極力爭取最後提高到100%。根據最新的實際數據（2014年第2季截止），本國銀行對中國地區的授信、投資及資金拆借總額度達1.6兆元，約佔全體銀行淨值的62%。

整體來講，雖然對陸曝險額度還有再進行放貸的空間，但有幾家業者已經瀕臨曝險額度限制。因此有的要求將額度提高到淨值的2-3倍，有的轉而建議修改曝險金額的計算範圍，例如已經有陸銀開立擔保信用狀的（內保外貸），可從曝險限額中剔除，以便有更多的「子彈」開拓中國市場。

根據中央銀行的「國銀國家風險統計」，整體國銀放貸到海外的債權，不管是直接風險，還是最終風險，都以中國為

第一。以對中國的最終風險來說，截至今年6月已經高達812億美金，遠超過第二名美國的472億美金。

至於中國的風險有多大？根據中國銀監會的數據，中國整體銀行業的逾放比不到1%。至於大家擔心房地產硬著陸問題，銀監會表示為了抑制炒房，規定買第一套房最多可貸七成，第二套房貸只剩三成，第三套房不能貸款。因此即使整體房價價跌三成，房貸抵押品價值還是高於未償還貸款（可能好得出乎大家意料之外）。

中國保護主義

截至2013年，對岸的金融機構有3949家，其中政策性銀行有2家，國有大行有5家，外資銀行有42家。這兩家政策性銀行與5家國有大行的資產比重佔全體銀行資產的51.6%，而獲利卻佔全體獲利的53.6%。而42家外資銀行的資產只占全體資產的1.7%，由於對外資銀行（含台資）限制頗多，因此其獲利只佔全體獲利的0.8%。

台資銀行在對岸設立分行，第一年僅能辦理外匯業務，第二年只可辦理台商人民幣業務，第三年後才可辦理其他人的人民幣業務。但由於開戶門檻高達人民幣100萬元，各種金融商品的銷售也受限，因此在當地吸收存款不易。所以放款銀彈不足，幾乎是所有台資銀行所面臨的共同問題。

而台灣目前各銀行吸收的人民幣定存將近3000億元，但由於中國對外匯的管制，使得絕大部分只能轉存於中國銀行

台北分行，賺取微薄的利息。而中國銀行卻可將此人民幣搬到中國放貸給當地企業，賺取高額的利差。台灣的人民幣業務，等於是為人作嫁。

台資銀行訴求與對岸回應

今年九月初立法院財政委員會，到上海考察官股銀行在該地區設立分行的經營現況。這些銀行一致建請立委幫忙向對岸爭取更多的業務開放，而立委們也從善如流，藉著與海協會、國台辦與銀監會的交流中，不厭其煩的爭取以下事項：

1. 企業內部跨境人民幣借貸試點區域，可擴展到昆山以外之其他地區。
2. 外資銀行可向境外拆借人民幣資金，以充裕放款銀彈。
3. 開放RQFII投資境內資本市場，希望能與服貿脫鉤，提前進行。
4. 台資銀行在中國設立分行之家數希望能夠增加，手續能夠簡化。

台資銀行這些訴求，對岸若照單全收，那麼各銀行將馬上碰觸到授信金額超過淨值的規定。在與陸方爭取前述開放時，陸方表示：台資銀行在台灣吸收人民幣資金的成本低，若讓其直接搬到大陸來做放款生意，那對其他陸資銀行不公平。也就是說，台資銀行對陸曝險的安全閥，竟然是建立在中國的保護主義上！

結語

由於台灣接單,中國生產的比重居高不下,因此在對岸台商對於銀行融資的需求殷切。當地的利率高,台灣的利率低,濫頭寸又多。因此要求將台灣資金直接貸給台商的呼聲很高。現在台灣的曝險規模,主要受對岸控制。未來對岸若一再放寬,那麼壓力將轉移到台灣政府來。因此政府可能要思考對曝險做更細緻的分類,並給予適度規範。(與李應元合著,原登於想想論壇2014年9月24日)

台美肥咖協定風波，馬政府放縱海外避稅露餡

日前傳出台美簽訂美國肥咖條款的跨政府協定出現新變數，起因於美方要求我國的稅務單位必須參與。面對美方要求，馬政府竟說為避免國人擔心海外查稅，故仍將協調由金管會主政。此事件不但讓馬政府大出洋相，也再次凸顯馬政府刻意放縱國人海外避稅。

目前各國都是由財稅主管機關與美國簽署相關協定，只有台灣是由金管會主政。除了是國際慣例外，各國在配合美國肥咖法案時，也都希望趁此機會與美國進行租稅資料交換，順便掌握該國人民在美國的資產情形，因此都由財稅主關機關主政。

馬政府表面是不沾鍋，不想讓國人有海外查稅的聯想，但事實上就是刻意放縱海外避稅。不但將主政機關推給金管會，金管會在與美國洽簽時，又採所謂的模式二。根據美方規定，模式一係由各國政府將資料彙整完後，統一提報美國政府，大多數國家採用。模式二係由國內各銀行自行向美國政府提報，少數國家採用。也就是說，馬政府對國人海外資產的資訊，強迫自己看不見，更不想去追討相關租稅。

馬政府辯稱，各國與美方簽定的肥咖跨政府協定，都是嫁接在該國與美方的租稅協定上，因此由主管稅務的單位

主政。對於台灣未與美國簽署租稅協定，馬政府說，那是因為美方不承認「台灣是一個國家」，所以不願與台灣簽署租稅協定。對此說法本人強烈懷疑，因為台美已簽定上百個協定。此外國際上的租稅協定也不是一定以國家為單位，例如開曼群島與曼島就與美國簽訂租稅資訊交換協定，而香港、澳門、澤西島、英屬維京群島等地也與其他國家簽定國際租稅協定。

馬政府又曲解法律說我國若在肥咖法案上，與美國進行稅務資訊交換，那將違反我國的稅捐稽徵法，必須在避免雙重課稅前提下，才可簽租稅訊息交換之規定。事實上稅捐稽徵法第5條規定的是，「財政部得本互惠原則，與外國政府商訂互免稅捐。」該法並未規範租稅資訊交換，馬政府卻故意混淆誤導。

從整個事件的發展來看，馬政府為圓一個謊，說了一連串的謊，這次終於被美方戳破了。（原登於想想論壇，2014年5月16日）

金磚開發銀行打什麼主意？

今年7月15日，金磚五國（BRICS）在其第六屆峰會中宣布成立「新開發銀行（New Developing Bank, NDB）」，並計畫在2016年開始運作。對於這項舉動，有人認為這個新開發銀行將扮演中國擴張其政經勢力的馬前卒；也有人認為這只是補充世界銀行或國際貨幣組織的不足，而無法取代之。各會員國之間是否同心，抑或是各懷鬼胎，也都將影響其後續地位。

成立背景

根據聯合國貿易與發展會議（UNCTAD）預測，開發中國家每年投資在基礎建設的經費將從目前的8000億美金，快速上升到2020年的1.8兆—2.3兆美金，主要項目包括水利，電力系統，交通與通訊等。因此對於開發資金的挹注，有很大的的需求。然而開發中國家對於世界銀行或國際貨幣組織，在貸款案件的審查與運作，卻頗多微詞。

目前金磚五國的人口是全球的42.6％，GDP總量占全球的21％，外匯存底占全球一半以上，對全球經濟增長貢獻率逾一半以上，然而在全球金融機構的投票權重中，卻遠低於此。例如在世界銀行，金磚五國的總投票權僅占13％，低於美國的15％。在IMF部分，金磚五國總投票權11％，遠低於美國的17％。甚至荷蘭或比利時的投票權，都比巴西高。雖然

開發中國家對此不滿已久，但卻得不到令人滿意的回應。因此金磚開發銀行的成立，一般認為最主要的目的，就在改善這種經濟話語權不對等的情形。

中國大幅讓利，能贏得主導權嗎？

金磚開發銀行的啟動資金500億美金，由五個原始會員國各出資100億美金。未來各會員國若想提高持份比例，需要其他四國同意。此外未來將開放各國加入，但原始五國的持份不得少於55%。

此外還成立應急儲備基金（Contingency Reserve Arrangement）1000億美元，將協助各國避免「短期流動壓力與強化全球金融安全網」。此基金由中國捐助410億美金，巴西、俄羅斯與印度各捐助180億元美金，而南非只捐助50億美金。雖然中國捐助的資金佔總基金的41%，但未來核發相關貸款時，中國只能獲得總核貸金額的20.5%（乘數0.5）。巴西、俄羅斯與印度分別只能申請總核貸金額的18%（乘數1），而南非能申請總核貸金額10%的資金（乘數2）。

未來開發銀行的總部將設在上海，並在南非約翰尼斯堡設置首個區域辦公室設。而主要人事的安排，中國再次謙讓。首任行長為印度國籍，首任理事會主席由俄羅斯提名，首任董事會主席由巴西提名，中國則是擔任第五屆行長。這結果是由中國主動讓利？抑或是中國若不如此，各國不願共襄盛舉？

會成為中國擴張勢力的馬前卒嗎？

習近平在開幕典禮上強調說中國人是熱愛和平的民族，但越是這樣說，越揮不開各國對中國威脅論的陰影。縱使金磚開發銀行在資金與影響力上無法與IMF或世界銀行匹敵，但仍可預期將減弱美元在國際上的影響力，連帶的也將影響以美國為首的西方集團在國際政治上的影響力。甚至有人推測，中國將運用此平台來加速人民幣的國際化，以及擴大其影響力。

此外這個銀行未來的借貸方針為何，如何選擇借貸對象，以及如何營運，都是即將被質疑的問題。由於提不出具體作法，因此有人質疑未來的營運將充滿政治色彩，而非單純專業的考量。因此也有人擔心中國運用此資金平台進行政治收買，擴大影響力。

與世銀等國際金融組織的關係

設置金磚開發銀行的目的，是為解決現有國際金融組織的不公或不足？還是要取代現有的國際金融體制？目前世銀與亞洲開發銀行的資本分別約有2320億與1650億美金，多於金磚開發銀行。因此儘管中國經濟被預言可能在數年之間即將超越美國，但一般認為金磚開發銀行與現有國際金融機構，應是互補的關係。至於她是否有能力來撼動世銀或國際貨幣組織？有無意願取代現有體制？還待後續觀察。

會員國之間的矛盾

「金磚五國」一詞是由高盛公司「金磚四國投資報告」,再加上南非而來。雖然這五個國家皆有不錯的經濟發展遠景,但卻無其他共同的利益或歷史淵源。因此這五個國家的結合,是否有穩固的基礎?有待考驗。尤其是俄羅斯與中國,或是印度與中國,在過去都有相當的緊張關係。這些矛盾是否影響此開發銀行的發展,也有待觀察。此外這五個經濟規模不等、政治制度歧異的國家組成,又是否能順利達成共識,也是需留心觀察的地方。

結語

不管設立此銀行的目的是不是要跟美國較量,也不論是否能取代既有的體制,此銀行的設立將使得2008全球金融風暴時,美國牽一髮而撼動全世界的風險,將可望某種程度的下降。雖然此銀行儘量以制度設計來避免中國壟斷,但中國國際影響力再次擴展是無可置疑的。(與羅翊華合著,原登於想想論壇2014年8月27日)

參加亞投行應結合對外援助與經貿

前副總統蕭萬長日前在博鰲論壇時，當面向習近平表達台灣參與「亞洲基礎設施投資銀行」的意願。贊成者咸認為亞洲是未來全球發展最有潛力的地區，台灣更應藉此抓住「一帶一路」所將帶來的商機。但這些評估都過於表面與一廂情願。台灣應該檢討過去參與亞銀的經驗，思考參加的目的，以及亞投行與亞銀間的競合關係，才能做出對台灣最有利的決定。

1965年美國停止對台援助後，台灣利用亞銀的貸款，來減輕美援停止後的衝擊，對台灣的經建發展功不可沒。根據統計從1968至1971年間，我國先後向亞銀借款12筆，總金額為 1億39萬美元，分別用於中油石化廠、台鋁、台金、台電、花蓮港、深海漁業及南北高速公路台北楊梅段等之基礎建設上。

但隨著台灣退出聯合國，以及經濟的迅速發展，台灣從1972年起便停止向亞銀行貸款，而過去的貸款也已於1991年底全部還清。從此之後，台灣在亞銀議題上就陷入會籍名稱保衛戰的泥沼。這些年的忍辱負重，為的只是維持一個食之無味，棄之可惜，被扭曲的會籍。

目前台灣對亞銀就只有參與增資和捐款，缺乏實質的參與。錢撥出去後，便射後不理，不聞不問。最近財政部分5年

編列4.4億元參加亞銀增資，又分4年捐助6.9億元給亞洲開發基金。雖然金額不多，總是讓國人覺得花錢受氣，這些錢花得太冤枉。

現在台灣在討論是否參加亞投行時，應同時檢討參與亞銀的策略。不應以增加國際組織會籍數目為主要考量，否則這些參與都將變成大小錢坑。以台灣今日經濟發展的程度，再跟這類銀行申請貸款的機會不大。因此台灣應該要考量的是，能否利用這些銀行的貸款，來結合對外援助計畫，以發揮加乘效果。

例如台灣對開發中友邦的援助中，除了部分由台灣提供金援外，能否輔導其向亞銀或亞投行申請貸款或援助。這些援助計畫所需的物資或服務，能否盡量向台灣採購。因此如何利用這些開發銀行的資源，將國際人道援助，與對外經貿相結合，這才是未來台灣應採取的策略。

當然在評估是否參加亞投行，會面臨選邊站問題，因為美、日主導的亞銀，不樂看到中國主導的亞投行壯大。在雙方爭取夥伴，壯大陣容的時候，台灣不能再無條件支持任一陣營。如何發揮關鍵籌碼的力量，爭取台灣實質參與的最大空間，正考驗執政者的智慧。台灣一定要能結合國際援助，並與對外經貿結合。若達不到此目標，參加也無實益，未來只是花錢受氣而已。（原登於即時蘋論，2015年03月30日）

搶救國民黨高利率保單

二〇一二年十一月金管會花了八八三億元處理國華人壽，日前又宣布接管國寶與幸福人壽，並由保險安定基金即日進駐這兩家公司。但從金管會的相關作為來看，金管會並未吸取國華人壽案的教訓，整個案子又將變成全民買單的大錢坑。

這兩家保險公司的財務，從二〇〇八年政黨輪替後便急速惡化。前者在二〇〇七年底的淨值為負五億元，後者為負卅七億元。這當中金管會多次要求增資，以提高資本適足率，但這些經營者與大股東不但不理不睬，甚至還多次違規介入其他公司的經營權之爭。截至今年六月底，這兩公司的淨值已經惡化到負二五二億元與負二三九億元。

這些問題保險公司財務惡化的原因有兩個，一是經營者惡意掏空公司資產；另一是以高得不合理的約定利率吸引民眾投保，就好像老鼠會一樣，投保者剛開始吃得到甜頭，最後公司累積龐大的虧損就丟給政府善後。前者目前檢調已經在偵辦，本文不作評論；但對於後者，全民應該要嚴格監督金管會，不得再用國庫填補此虧空。

在處理國華人壽案中發現，虧損的一大主因是有許多約定利率高達七％的保單。民眾若在銀行辦理定存，利率不到二％，消費者若要高報酬，理當要自己承擔高風險。結果

通通由國庫買單，公平正義何在？並且當時有人主張，應該學習先進國家的做法，讓這些問題保險公司「打折理賠」；有人估算，若將國華人壽售出保單的利率降到市場的合理水準，那麼政府「賠付」給新買家的金額便可大幅降低。可惜金管會未採納此符合公平正義的做法。

面對眾多質疑後，金管會曾對外表示未來對問題保險公司，將採「限額理賠」以符合先進國家的做法，結果金管會轉彎了。此次國寶與幸福人壽同樣有大量的高利率保單，但金管會在八月十二日的新聞稿中表示：「保戶權益之保險契約約定內容不受影響。」為什麼金管會一定要用國庫的錢來填補壽險公司的虧損？隔天答案揭曉。

幸福人壽總經理郭明枝表示，目前五十二萬名保戶中，有超過卅萬戶以上的國民黨黨員。有部分舊保單預定利率高達七‧五％，較目前市場不到三％的行情高出很多，若此時解約，獲利腰斬。為了照顧黨員福利，只好再讓國庫破費一次了。（原登於自由廣場，2014年8月15日）

比「蔡彭配」更嚴肅的事

　　媒體揭露李前總統與央行總裁彭淮南會面一事，彭總裁日前發表聲明，除了重申對「蔡彭配」的態度外，聲明稿的第三點說：「馬總統與吳院長非常重視央行業務運作的獨立性，從未指指點點，虎視眈眈，亦未對貨幣政策下指導棋。」事實若真是如此，那麼馬政府為何在去年強行修改行政院組織法，硬是把原本為獨立機關的中央銀行，改成一般機關？原本應該是依法律與專業獨立行使職權的中央銀行，從明年一月一日開始，都必須接受行政院長的節制。

　　在行政院組織法修法前，經常傳出馬政府與央行對外匯的管理運用有不同意見，甚至還屢次傳出動用外匯成立主權基金之議。當時央行因屬獨立機關，故彭總裁尚可將這些充滿為政治服務的建議擋了下來。但明年開始，央行的獨立性已經沒有法律基礎，何況馬政府心中根本就不支持央行的獨立性，否則又為何強行修改行政院組織法？

　　我們很擔心彭總裁未來是否還有專業的揮灑空間？政治的手若伸進央行後，難保不會為了政治考量，刺激短期的景氣，而犧牲長期貨幣環境的穩健，彭總裁選不選副總統，那只是一場選舉的事，而央行法律地位對未來經濟的影響，恐怕更值得國人三思。（原登於自由廣場，2011年9月6日）

第**3**篇

財政預算

吃飯多於建設的總預算案

　　近日行政院向立法院提出下年度的中央政府總預算案，這是馬政府最後一次的預算案，也可以說是其畢業考。詳閱之後以被動消極，「吃飯多於建設」，來為此預算案做個總結。

　　首先馬政府信誓旦旦的政府組織改造，精簡人事，結果下年度的人事費用成長44.5億元，職員數增加330人。若再加上以業務費支應的一萬多名派遣人員（保守估計30億元以上），整個政府人事費用更為可觀。因此組織再造績效，可說是乏善可陳。

　　去年立法院審查總預算時，總共刪了250億元，並要求行政院應優先刪減人事費、油料費、大陸地區旅費、國內外旅費、委辦費、一般事務費等消耗性，效益低的預算項目。結果行政院違背立法院的決議，該砍的預算不砍，不該砍的反而拼命砍。例如在原本已經偏低的資本門投資，硬刪了131億元，使得公共建設預算更為不足。

　　這幾年國內經濟持續低迷，各界都希望政府能夠以公共建設發揮乘數效果，帶動內需。結果今年中央政府總預算資本門支出只編列3189億元，不到總預算的16%，更比去年的預算書少81億元。消耗型支出越來越多，可累積的越來越少。

　　至於馬政府一再強調政府債務有改善，累計債務餘額尚在公共債務法規定之內。事實上目前中央政府的債務未償餘額為5.2814兆元，比去年還增加1180億元。若不是主計總處變更GDP的計算方式，「創造了」數千億元的GDP，現在中央政府的債務未償餘額可能已經逾越公共債務法的規定。

　　預算是政府以數字來表達施政的目標與優先順序，但馬政府這張畢業考的考卷卻顯得消極被動，絲毫未回應社會各界期待政府帶頭拚經濟的作為，實在令人痛心。（與李應元合著，原登於自由開講2015年9月4日）

政府快被高利貸壓垮

儘管目前定存利率只有1.3%，但中央政府竟然還有利率高達6.25%的公債，使得一年光是利息支出就高達1200億元，把中央政府壓的喘不過氣來。

這些年利率6%以上的「高利貸」，都是在民國89年以前發行的長期公債，並且都是固定利率。因此當初買到這些公債的人可說是賺撐了，但也苦了納稅人。即使國庫想借新還舊，提前買回這些公債，但也沒有人那麼笨，賣掉這些金雞母。

利率6%以上的公債要到民國109年才會到期，利率5%的公債110年才到期。利率4%的公債111年才到期。也就是說國庫還要再8年以上才會「出運」，擺脫高利貸的重擔。

當時發行這些長期高利率公債確實可議。當時利率高，國庫不應發行長期固定利率之公債。圖一時之方便，造成國庫長期的負擔。假若當時只發行5-10年期公債，國庫約可省下千億元以上的利息支出。再次印證，錯誤的政策比貪汙還可怕。

未來國庫若發行長期公債，應考慮採機動利率。如此不但可滿足投資者穩定報酬的需求，國庫也可避免像今天被高利貸壓得喘不過氣的困境。

國庫公債利息明細表

債務名稱	發行日期	年期	年息%	未償還本金	年付利息
88甲2期	87.11.24	20	5.5	300億元	16.5億元
88甲3期	88.1.22	20	5.25	269億元	14.1億元
89甲3期	88.9.28	15	6.125	400億元	24.5億元
89甲4期	88.10.15	15	6.125	400億元	24.5億元
89甲7期	89.1.18	20	6.25%	500億元	31.3億元
89甲9期	89.3.14	15	6.125	200億元	12.3億元
89甲11期	89.8.11	15	5.125	300億元	15.4億元
89甲13期	89.11.14	20	5.375	280億元	15.1億元
90甲2期	90.2.13	20	5	600億元	30億元
90甲3期	90.3.6	15	4.625	500億元	23.1億元
90甲4期	90.5.8	20	4.625	150億元	6.9億元

政府賴帳知多少

　　公司行號做生意最怕遇到客戶拖欠貨款，現在越來越多跟政府做生意的人，也都苦於被各級政府拖欠貨款。這些業者因為政府延遲付款，造成企業財務調度困難，甚至公司倒閉，因此民怨也日益升高。

　　光是民國102年各級政府工程採購標案中，有延遲付款的案件高達2745件，總預算金額197.9億元，平均延遲時間6.7個月。這其中中央政府有65件，金額高63.7億元。在縣市政府方面有2680件，金額高達134.2億元。

　　這當中又以南投縣政府最為誇張。在該年中延遲付款的案件高達1510件，金額41億元，平均延遲時間10個月，不管是在案件數、金額或是延遲時間，都高居第一名。

　　寅吃卯糧延遲付款，原本應該是偶一為之的例外，但各級政府卻將之常態化。檯面上的原因包括：政府財政困窘及調度困難、上級補助款還未撥下來。當然各級政府吃定民間業者、佔民間業者便宜的心態、以及缺乏財政紀律，也都是主要原因。

　　除此之外，目前許多縣市政府也都積欠業者長期照顧費用。例如提供居家服務的業者，往往在提供服務完畢六個月後才拿到縣市政府的給付。但是照服員的薪資又不能拖欠，因此業者有時候還要貸款來發放員工薪資。在此如惡劣的環

境下經營，又如何能奢求照顧品質。馬政府不能再放任此問題惡化下去，民怨已經快要潰堤了。

各縣市延遲付款排行榜

縣市	延遲付款件數	延遲付款金額（億元）	平均延遲時間（月）
南投縣	1510	41	10
花蓮縣	184	6.5	2.2
台中市	143	2.5	2.8
新竹縣	132	26	2.9
新北市	50	19.7	2.7

資料來源：審計部102年中央政府總決算審核報告

劉政鴻連三年「公庫管理」考評獲甲等

近來苗栗縣新科縣長徐耀昌頻頻為空虛的縣庫叫屈，媒體也多次起底劉政鴻預算浮濫的事蹟，而李應元卻發現財政部對苗栗縣「公庫管理」的考評，竟然連續三年獲得甲等，實在是一大諷刺。

為了管理地方政府的財政紀律，財政部實施「地方政府財政業務輔導方案」，並依「公庫管理」等六項指標來進行管考。令人吃驚的是，苗栗縣在民國100—102年的「公庫管理」項目，都獲得甲等。

苗栗縣早已違反公共債務法的規定，超額舉債。但劉政鴻鑽法律的巧門，以虛列歲入的方式，來增加舉債規模。例如100年預算編列歲入386億，但決算只有218億，浮編了168億元，以便增加75.6億元的舉債額度（註）。審計部在民國100年10月就將苗栗縣等相關資料送監察院，並在102年1月15日做出糾正。這絕對是公庫管理最核心的問題，但財政部竟然未將此納入考評。因此讓劉政鴻在此考評連續三年獲得甲等，也讓人懷疑財政部「地方政府財政業務輔導方案」只是虛應故事。

儘管劉政鴻在苗栗的事蹟罄竹難書，日前竟然傳出馬政府規劃讓劉政鴻擔任國營事業的董座。李應元說，馬政府若要再次測試民眾的忍耐程度，那就去做吧。民眾一定會給馬政府一個刻骨銘心的處罰。

註：公共債務法第四條規定，縣市政府未償債務餘額的上限為其年度歲出總額的45%。

左手大批房舍閒置，右手又高價租用辦公室

　　儘管中央政府一再宣稱財政十分吃緊，但中央政府各機關共編列超過40億元的房租，是一項沉重的財政負擔。同時根據審計部100年的審計報告指出，閒置或被占用的土地房舍高達數千公頃。自己的房地不用，又花巨資租房子，難怪政府財政越來越困難。

　　根據審計部的資料，未利用之國有非公用土地高達8萬3118公頃，其中閒置或低度利用的建築用地高達3000餘公頃。另經濟部所屬的國營事業被占用的房地面積高達79公頃，閒置的房地高達3264公頃。也就是說政府左手大批房舍閒置收不到租金，右手又高價租用辦公室，資源配置值得檢討。

　　這當中還包括許多精華地段的土地長期閒置，例如經濟建設委員會經管之中美經濟社會發展分基金有1萬餘平方公尺精華房地閒置，依臺北市政府民國101年1月公告現值核算總值達41億5千3百餘萬元。更令人無法接受的是，由於長期未妥適管理，致髒亂殘破不堪，歷年修繕維護費用高達5百餘萬元。原本是金雞母的黃金地段，反倒淪為財政包袱。

　　另根據國產局提供之「各機關宿舍建置暨被占用處理情形彙整統計表」記載，截至民國101年3月31日，各中央機關經管宿舍，被占用之宿舍有853戶，閒置戶數有995戶，低度

利用戶數有15,989戶。又是一項資產變負債的明證。

　　此外組織再造後，中央政府部會將從37個減為29個。照理說應該可以空出不少辦公廳舍，然而現在一些新整併的部會竟然開始為新首長租新的辦公室。捨棄舊的辦公室不用，要租比較氣派的辦公室給新的部長使用，不但浪費民膏民脂，也增加機關人員洽公的不便。

中央各機關租金預算一覽表

	98年	99年	100年	101年	102年
中央部會	21.7億元	23.2億元	22.9億元	22.4億元	22.0億元
國營事業	15.7億元	15.4億元	16.0億元	16.2億元	15.9億元
非營業基金	2.2億元	2.1億元	2.4億元	2.6億元	2.9億元
合計	39.6億元	40.7億元	41.3億元	41.2億元	40.8億元

中央各機關閒置、低度利用及不經濟使用之國有建築用地（單位公頃）

機關民稱	閒置土地面積	低度利用土地面積	不經濟使用土地面積	102年房舍租金預算
國防部	280.2	2742.6	12	523萬元
交通部	35.1	93.6	6.6	
教育部	5.3	6.2	0.2	
農委會	7.7	10	0	
法務部	2.2	28.4	0	12401萬元
退輔會	6.5	4.3	0	
經濟部	0.2	6.1	5	9337萬元
內政部	4.8	2.2	0	12014萬元
財政部	0	3	0	12395萬元
合計	342	2896.4	23.8	

註：「閒置」指空置未使用；「低度利用」指建築容積未達法定容積

的一半，或建物已逾耐用年限；「不經濟使用」指面積過大，不合經濟效益。
資料來源：審計部100年決算報告書

經濟部國營事業土地房舍被占用情形

	100年度被占用房地面積	100年度閒置房地面積	102年房舍租金預算
台糖公司	61.8公頃	3124公頃	
中油公司	15.5公頃	18公頃	140萬元
台電公司	0.6公頃	122公頃	1064萬元
台水公司	1.1公頃		418萬元
合計	78.9公頃	3264公頃	

資料來源：審計部100年決算報告書

公務員宿舍每人每月只要20元起

正當許多無殼蝸牛準備夜宿仁愛路帝寶，表達他們對當前住宅政策的抗議時，公務員宿舍的租金偏低，每月費用竟然只要20元起，實在是一大諷刺，也加深一般民眾的相對剝奪感。

公務員住在公家宿舍只需負擔管理費，費用以農委會的宿舍最低，每人每月只收取20-150元，其他部會所收取的費用也遠低於一般市場行情與學校宿舍收費，能進住的公務員堪稱最幸福員工。其他部會的費用詳如下表：

機關名稱 （含所屬機關）	宿舍管理費收取標準
財政部	・依宿舍類型每月每戶收取200-600元間。
交通部	・依宿舍類型每月每戶收取100-1,000元間。
內政部	・依宿舍類型每月每戶收取100-2,200元間。
法務部	・依使用面積每月每戶平方公尺收取1.25-12元間。 ・依年度編列修繕費、使用面積換算每月每戶收取21-375元間。 ・依房間類型每月每戶收取100-600元間。
農委會	・每人每月收取20-150元。 ・依宿舍類型每月每戶收取50-500元間。 ・依宿舍類型、面積每月每坪收取5-20元間。
科技部	・依房間坪數收費，1平方公尺24元。 ・依宿舍類型每月每戶收取500、700元。
經濟部	・每月每人收取50-800元間。
勞動部	・每月每人200元。

文化部	・每月每間150元
衛生福利部	・每月每人149元。
司法院	・依宿舍類型每月每戶165-700元間。 ・依宿舍面積每月每平方公尺1.64-13元間。
考試院	・每月每戶500元
中央研究院	・每坪175元~250元

資料來源：立法院預算中心104年中央政府總預算案整體評估報告

　　以102年為例中央政府各部會的宿舍總共只收取4763萬元的管理費，但卻花費5355萬元的修繕費用，以及830萬的水電清潔費。也就是說員工繳交的管理費，連負擔修繕費用都不夠，十分不合理。

　　根據國有財產署的統計資料，截至103年6月底止中央機關經管之國有宿舍計有3萬8,292戶，其中低度利用戶數1萬0,905戶，閒置戶數45戶，用途廢止戶數2,678戶，並以教育部、退輔會、農委會、交通部、科技部等機關經管者居多。未來將爭取將這些低度利用公家宿舍，改建為社會住宅，以落實居住正義。

中央各機關學校國有宿舍管理情形彙整統計表

機關名稱 （含所屬機關）	經管宿舍 戶數	用途廢止 戶數	閒置 戶數	低度利用 戶數	位於繁盛 地區戶數
總統府	5	-	-	-	5
國家安全會議	18	-	-	16	18
中央研究院	330	7	-	23	79
行政院秘書處	39	-	-	19	39
行政院主計總處	24	-	-	-	24

機關名稱 （含所屬機關）	經管宿舍 戶數	用途廢止 戶數	閒置 戶數	低度利用 戶數	位於繁盛 地區戶數
行政院人事行政 總處	40	6	-	8	32
國立故宮博物院	56	1	-	54	25
國家發展委員會	5	-	-	-	5
原住民族委員會	5	-	-	-	4
客家委員會	2	-	-	-	2
中央選舉委員會	1	-	-	-	1
公平交易委員會	1	-	-	-	1
大陸委員會	1	-	-	-	1
中央銀行	234	142	-	3	4
立法院	16	-	-	16	12
司法院	2,591	27	2	684	1,327
考試院	43	-	-	36	41
監察院	33	6	-	-	33
內政部	805	33	19	244	394
外交部	348	-	-	21	348
國家安全局	329	-	-	19	252
財政部	944	3	1	243	537
教育部	9,523	119	8	2,117	2,119
法務部	4,005	-	-	727	1,512
經濟部	621	44	-	419	361
交通部	3,440	1,442	-	1,395	1,268
勞動部	82	-	-	-	4
蒙藏委員會	1	-	-	-	1
僑務委員會	3	-	-	-	3
原子能委員會	201	-	-	200	1

機關名稱 （含所屬機關）	經管宿舍 戶數	用途廢止 戶數	閒置 戶數	低度利用 戶數	位於繁盛 地區戶數
農業委員會	2,714	36	-	1,429	479
衛生福利部	3,149	9	3	99	587
環境保護署	3	-	-	-	3
文化部	108	2	-	30	69
海岸巡防署	185	-		37	3
科技部	2,965	791	-	1,386	2,896
金融監督管理委員會	2	-		-	2
國軍退除役官兵輔導委員會	5,342	10	-	1,606	764
台灣省政府	22	-	12	18	19
臺灣省諮議會	56	-	-	56	56
合　計	38,292	2,678	45	10,905	13,331

※註：1.資料來源，財政部國有財產署提供。
2.表列數據係截至103年6月30日。

馬政府苛扣水源區預算，大台北面臨限水危機

本次天鵝颱風並未侵襲台灣，外圍環流所帶來的雨量並不太大，但南勢溪水竟然混濁到超過自來水處理能力上限。後經翡翠水庫放掉三分之一的水來稀釋，大台北才度過這次限水危機。南勢溪流域到底出現什麼問題？誰又該為此負責？

水源保育預算被馬政府打二折

南勢溪的問題很多，但馬政府一再苛扣水利署「臺北水源特定區保育實施計畫預算」責無旁貸。該計畫係於2008年1月經行政院核定，計畫在五年內以27.6億元，改善整個水源保護區內的水土保持、汙水處理與土地管理等等。結果馬政府上台後年年未按照計畫編列預算，五年總共只撥入5.2億元，還不到原預算的20%。

目前該計畫進入第二期，計畫從2013年到2017年編列13.6億元，結果過去兩年也只執行1.2億元。以台北水源特定區環境之複雜，包括茶葉等農業的威脅、住宅的蔓延以及溫泉區觀光的失控，該計畫所列之預算尚不足以解決水源保護區所遭遇的威脅。一再苛扣水源保護區預算，當然是造成台北供水危機的主要原因。

大台北水質佳的神話破滅

過去不管是中央或北市政府一再對民眾灌迷湯說，翡翠水庫的水質佳、南勢溪是水源保護的優等生等等。事實上大家只要去一趟烏來與坪林，就可看出沿途住家、農業與旅遊休憩對水源的威脅有多大。但由於水源保育預算一再被苛扣，使得保護區內的家庭汙水處理設施老舊，汙水妥善處理率下降。當中央不在意時，各部會與地方政府對於違法亂墾、亂建當然不會認真處理。

亡羊補牢，猶時未晚。不再苛扣保護區預算是第一步。此外相關單位如水利署、林務局、營建署與雙北市政府之間，彼此的權責與合作模式的改善，也是刻不容緩。（原登於自由開講，2015年8月26日）

社會住宅聲聲慢，中央給柯P穿小鞋？

　　為了兌現2萬戶社會住宅的競選政見，柯P一上任後就三步併兩步，各項工作如火如荼地展開。在其規劃中，總共需要38公頃的土地，其中21公頃希望能撥用國有閒置土地。基於政府一體，住宅政策也不應由地方政府一肩扛下，因此由中央撥用閒置國有土地，應該也只是順手人情而已。但故事的發展，也凸顯我們的行政效率到底出了什麼問題？

　　結果這幾個月下來，北市與中央的互動，真可謂是急驚風遇到慢郎中。以北市希望撥用陸軍保修廠土地為例，中央搬出種種行政命令辦法，要求必須以公告現值購買。北市咬著牙認了，要付錢就付錢。但因今年的北市府預算，是去年的郝市長編的，沒有編此預算，因此必須等到明年1月1日新的預算生效後才能付款。

　　這時中央又說了，依據「國有不動產撥用要點」，北市必須繳清價款或頭期款，才能核發先行使用同意書，展開後續興建工程。跟時間賽跑的北市哪裡能空轉等到明年，因此跟中央說，跑得了和尚，跑不了廟，希望能夠通融一下。更何況這個案是之前找行政院張善政副院長協調後定案的。

　　中央竟說，北市的預算須經過議會審查通過，不是市府說了算，因此必須提出議會同意函，中央才能核發先行使用同意書。問題是市議會從來沒遇過這種問題，這個同意書要

怎麼發呢？因此北市府將此案送交議會備查，議會未表示異議後，再向中央請求使用同意書。中央也沒遇過這種情形，公文也不知道怎麼批，因此目前就懸在那邊。

本人相信，中央絕不是故意給柯P穿小鞋，不樂見柯P有政績。但整個故事的演進，卻讓人覺得中央設下重重障礙。而問題的癥結，在於僵化的法規影響政府效能。

在各種國際競爭力評比中，台灣的政府效能經常扮演「拉拉隊」的角色，行政效率的得分低，拉低台灣競爭力的整體排名。政府許多行政命令過於繁雜僵硬，大多出於防弊的考量，以至於在興利時遇到種種障礙。更要命的是這些防弊法規，往往只是形式與程序的要求，只能達到拖延的效果，而存心作姦犯科者，往往都能另立巧門，逃過這些法規的監督。

社會住宅聲聲慢只是讓民怨累積更高，其他政府效能的慢，就讓國家競爭力點點滴滴地流失。（與李應元合著，原登於蘋果即時論壇，2015年10月09日）

第**4**篇

經濟發展

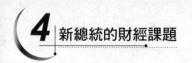

以薪資成長策略打開悶經濟

壹、前言

這幾年來台灣的經濟一言以蔽之，就是「悶」。悶經濟的主要原因之一是內需不足，再進一步追究就是因為薪資水平倒退，造成國人購買力下降。因此要打破當前的悶經濟，就必須有一套以調高薪資帶動經濟成長的策略（wage-led growth strategy）。雖然提高薪資將會增加產業成本，進而降低產業競爭力。但提高薪資水平就能提高購買力，進而提高國內的總需求，為經濟成長注入動能。即使提高薪資會增加成本，但這也是驅使提高生產力的動力。（Lavoie and Stockhammer, 2011）

因此國際貨幣基金（IMF）、聯合國貿易暨發展組織（UNCTAD）與國際勞工組織（ILO）等都主張，不能把競爭力建立在廉價勞動力與低稅率，因為這種競相逐底的作法將陷入惡性循環，陷入悶經濟的泥沼。解決之道就是恢復薪資正常成長，讓薪資帶動成長，唯有創造足夠的內需，才能讓經濟進入健康的成長循環。

目前國民黨立委正在推所謂的「加薪四法」，希望透過以國家租稅補貼企業加薪，以及增訂員工分紅條款。事實上這些都是事倍功半的做法，政府也無能力稽查企業是否有落實相關規定。甚至是原本應該是企業的責任，卻變成政府以減稅來承擔。

今天台灣的企業並非沒賺錢，全體上市櫃公司在2013年的稅後盈餘合計達1.55兆元，2014年更成長到1.86兆元，創歷史新高。（工商時報，2015）另主計總處預測台灣今年的經濟成長率高達3.78%，照理說員工也應該分享此經濟成長果實，並獲得雇主合理的加薪。因此國民黨的提案，等於是幫企業買單，讓企業的獲利更豐，經濟成長果實的分配更向企業傾斜。而政府卻因稅收損失，更無財力支應照顧民眾福祉。

但根據主計處的薪資統計，2014年實質薪資水平倒退到1998年水準。但同時期GDP成長將近85%，國民所得成長55%。也就是說企業有賺錢，但員工並未分享到經濟成長的果實。因此以提高基本工資，帶動整體薪資水平，刻不容緩。

汽車大王亨利福特在二十世紀初，大幅提高員工薪資，縮短工時，加強員工培訓，因此大幅提高生產效率，並快速擴充企業版圖的多贏結果。因為工人所得提高，購買力增加，進而讓高薪資、高生產、與高消費起了連鎖反應，創造出美國經濟發展中最為人所津津樂道的篇章。

貳、貧富差距擴大的現況與成因

一、貧富差距擴大是普遍現象，但不是唯一宿命

大多數的OECD國家，在過去三十年間貧富差距日益懸殊，高所得者的所得成長遠大於其他人。以美國為例，所得最高1%的人在1981年約分得全部所得的8%，但到了2012年則

快速成長到20%。根據另一項統計指出，從1975年到2007年間，美國所增加的所得中，80%為所得最高的前10%所囊括，甚至47%為前百分之一的人所獨享。（OECD 2014）

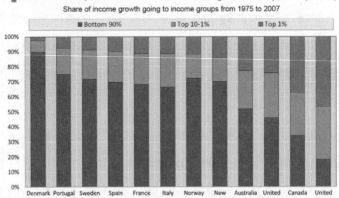

3 In some countries, one fifth or more of total income growth was captured by the top 1%
Share of income growth going to income groups from 1975 to 2007

圖1：1975年來各國所得成長的果實落入誰的口袋
資料來源：OECD，2014

　　造成高所得者賺得更多的原因，一般認為全球化與資訊科技的迅速發展，讓職場最頂尖者更能受益於全球市場的開放，進而拉大薪資。同時間各國競相減稅，以OECD各國為例，所得稅最高級距在1981年為66%，在1990年降為51%，在2008年更降到41%。（OECD，2014）此外這段時間勞動條件的彈性化，雖然增加許多低階工作機會，但大多屬部分工時與非典型就業，再加上集體議約能力的下降，都加大薪資差距。（OECD，2011）

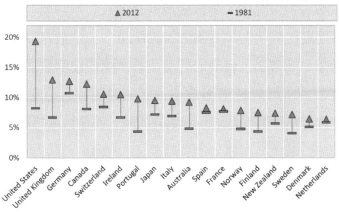

圖2：1981年來各國所得最高百分之一者，其所得佔總所得的百分比
變化
資料來源：OECD，2014

儘管OECD普遍有貧富差距加速的問題，但丹麥、荷蘭
與其他北歐國家的貧富差距卻小得多。以丹麥與荷蘭為例，
所得前1%的人只獲得全體所得的7%，所得最高與最低10%
人的所得差距只有5倍。（OECD，2014）也就是說此波全球
化所帶來的貧富差距擴大雖然是普遍現象，但不是必然的宿
命。

二、台灣貧富差距惡化有多嚴重

根據行政院主計總處調查，民國103年每月的實質薪資
（以100年價格衡量）為45494元，大概回到民國87年水準。
而同時期台灣的GDP成長85%，國民所得成長55%。主要原因
就是從民國81年以後，實質薪資成長率遠低於經濟成長率。

也就是說台灣進入經濟發展但薪資停滯的狀況，經濟成長與受雇階層所得脫鉤，導致經濟成長進入「無感期」。再與世界各地區比較，台灣是進入21世紀至今，少數實質薪資倒退的國家。簡言之，台灣的經濟成長率遠較已開發國家高，但實質薪資水準成長率卻遠不及已開發國家。這意味薪資停滯、貧富差距絕不是國際一致的問題，而是台灣特別嚴重。

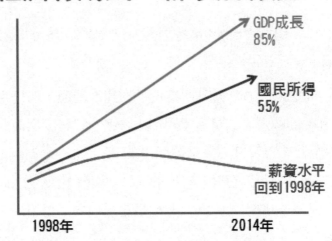

圖3：近年來台灣GDP、國民所得與薪資水平成長趨勢示意圖
資料來源：作者整理自主計總處資料

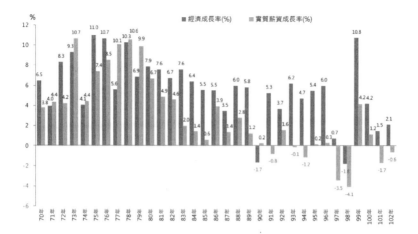

圖4：台灣長期以來實質薪資成長率遠不及經濟成長率
資料來源：新北市主計處，2014

◆ 各地區實質薪資的累計成長率

區域／年別	2000	2006	2007	2008	2009	2010	2011
非洲	100.0	103.9	105.3	108.1	108.6	115.4	117.8
亞洲	100.0	149.0	158.8	165.1	174.6	185.6	194.9
東歐和中亞	100.0	204.4	233.9	253.4	244.4	257.9	271.3
已開發國家	100.0	103.3	104.5	104.1	104.9	105.5	105.0
拉丁美洲和加勒比海	100.0	105.4	108.5	109.3	111.0	112.6	115.1
中東	100.0	98.3	100.1	97.2	95.8	94.6	94.4
世界	100.0	112.8	116.1	117.3	118.8	121.3	122.7
台灣	100.0	99.8	100.1	96.8	92.9	96.9	98.2
中國大陸	100.0	221.6	254.8	295.6	353.0	385.0	431.2

表1：近年全球各地區實質薪資成長率
資料來源：花佳正，2014

　　根據財政部公布之100年度綜合所得稅資料顯示，稅前所得最高最前5％與最低5％之所得差距為95倍，稅後所得也

高達80倍。101年雖稍有改善，但稅前與稅後的所得差距也分別為85與80倍。（財政部財政資料中心）

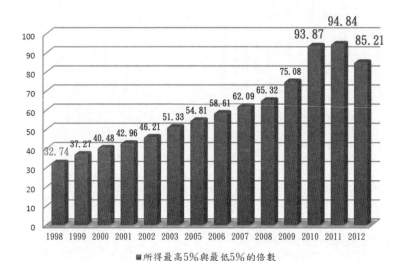

註：財政資訊中心之資料與主計總處家庭收支調查不同，且二十等分在意義上也與五等分有異，
但此圖重點在於呈現分配惡化「趨勢」；此趨勢並不受前述資料特質而有所影響。
資料來源：財政部財政資訊中心／本研究自行繪製。

圖5：歷年所得最高與最低百分之五之所得倍數
資料來源：中央研究院，2014

　　由於財政部前述資料不含分離課稅、免稅所得及非課稅所得。再加上有錢人則有許多避稅管道或免稅所得不用申報，例如炒房、炒股的資本利得等，因此實際的所得差距可能更大。而貧富差距拉大，隱含了低位階、低教育、女性、青年、彈性雇用之受僱者的較低薪資，被薪資較高且薪資仍不斷成長者平均掉，代表較弱勢之受僱者的所得狀況可能更加惡化。

三、台灣貧富差距擴大的原因

（一）從GDP初次分配分析

過去常以GDP來衡量一個國家的經濟表現，但GDP這塊大餅如何分配，也將支配著所得分配的格局。根據主計總處國內生產毛額要素所得比資料顯示，若將GDP拆成「受雇人員報酬」、「營業盈餘」、「折舊」與「間接稅」四部分，在1990年代，「受雇人員報酬」約占50％。也就是說，GDP果實的半數由廣大受雇者所分享。2000年民進黨剛取得政權時，「受雇人員報酬」約占GDP的48％；2008年交出政權時約佔46.6％；到了2013年則降為44.6％。「受雇人員報酬」佔GDP比例逐年下降，反映到每個勞工的身上就是薪資成長倒退。（李應元，2014）

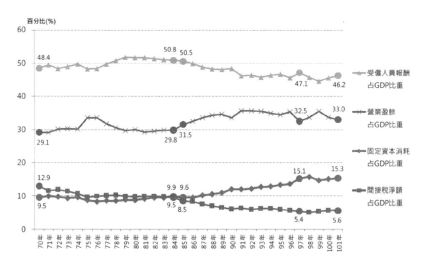

圖6：歷年台灣GDP初次分配結構趨勢
資料來源：新北市主計處，2014

雖然在全球化的趨勢下，受雇人員報酬佔GDP比例大都有下降的趨勢，但美國迄今還有55%，日本也還有50%。也就是說台灣惡化的程度遠超過其他國家（林宗弘等，2012）同時也顯示GDP分配在1990年代後，開始從受僱階層向資本所有者集中。再加上資本所有者為社會中經濟地位較高之「富人」，在經濟發展過程中，分配又向其集中，使得「富者愈富」。

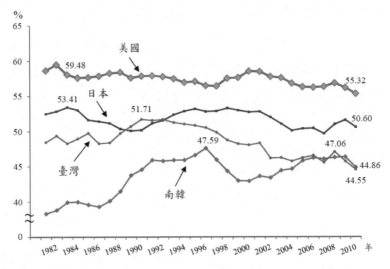

註：臺灣GDP不含統計差異。
資料來源：Source OECD Stan資料及行政院主計總處；本研究整理。

圖7：台美日韓受雇人員報酬佔GDP份額走勢
資料來源：游麗君，2012

此外由於部分國家以降稅作為吸引外資的誘因，因此台灣也經歷一連串的減稅措施。例如1991年實施的《促進產業升級條例》，主要效果就是協助資本累積，幫助廠商與資本

所有者累積獲利。尤其在馬政府上台後，不管是減稅金額與幅度都是前所未有，包括營利事業所得稅與遺產稅的調降，以及促進產業升級條例減稅權的延續等等，因此被冠上「最會減稅的總統」，（張啟楷，2012）。根據統計，在1985年間接稅額佔GDP的份額還有12.93%，之後逐年下降到5.45%。由於減稅造成國庫空虛，使得政府更無力透過福利政策對所得進行第二次分配。

此外值得注意的是產業過度往「資通訊科技（Information and Communications Technology，ICT）」發展，鉅額的投資雖然有助於GDP成長，但由於折舊費用高昂，間接的排擠到勞工報酬份額。在1995年以前，折舊佔GDP的比例不到10%，但目前已經超過15%，其中超過四成來自電子零組件業（薛琦，2007）。並且這類資本密集的投資，每創造一個就業機會的投資金額，也遠高於傳統產業。

（二）全球化加劇與製造業外移

90年代開始全球化加劇，尤其以2002年台灣加入WTO，使商品貿易更加自由化。在「要素價格均等化」之下，迫使國內薪資受到他國薪資水準影響。此外台資廠在90年代末期先南進，而後在2000年後大規模西進，導致留在國內之產業被迫受到低價競爭，亦使薪資被迫壓低。

由於國內接單，海外生產的比例越來越高，使得外銷訂單與出口產值背離的情形越來越嚴重。雖然外銷訂單可帶來外匯收入，但主要的就業機會卻在海外。因此即使國際景氣

回升，外銷熱絡，雖然美化台灣的GDP，但對就業環境的幫助卻有限。

表2：外銷訂單海外生產比例

年	2003	2004	2005	2006	2007	2008	2009	2010	2011	2012	2013	2014
%	24.0	32.1	39.9	42.3	46.1	47.0	47.9	50.4	50.5	50.9	51.5	52.6

資料來源：經濟部統計處

（三）從就業型態分析

由於製造業大舉外移，同時期增加的服務業人口大都集中在批發零售業、住宿餐飲業等薪資水平較低的行業。1990年代中期，服務業聘僱比例佔總就業人口約有5成，至今達6成左右。而連鎖服務業廠商有不斷變大趨勢，幾家大型的批發零售、住宿餐飲業者可議定較低之勞動價格，或讓雇主可透過較彈性與廉價之派遣勞工取代正職勞工。

雖然高薪服務業的就業人口也有成長，但從業人口比例低，難以帶動整體的薪資成長。尤其在2008年金融海嘯後，非典型就業的人口急速增加，勞動條件與薪資皆惡化。對勞動市場最大的衝擊就是，「工作貧窮」議題的惡化，並與長期失業者共同構成台灣的「新貧階級」（林宗弘等，2012）

馬政府上台後多次聲稱創造數萬個就業機會，但其中很大比例即屬非典型就業。在2008年非典型就業人口有49.8萬人，約佔總就業人口的4.78%。到了2014年已經超過76.6萬人，約佔總就業人口的6.93%（主計處96-103年人力運用調查告）。對於這種惡劣的趨勢，資深財經記者于國欽說，社

會出現許多低工時與低薪資的就業者，失業成偽裝成就業，不明白的人還以為天下太平，事實上已經危機四伏。（于國欽，2013）

這其中又以青年的就業環境最為險惡，青年受僱者的工作收入不僅遠較平均為低，且承受較大的景氣波盪，「青年貧窮化」問題已不容忽視。青年就業者的失業率遠較其他年齡階層者為高，每當景氣波盪時，如2001年網路泡沫化、2009年金融海嘯，青年受僱者的失業率大幅提高，但在景氣回溫後，也不見下滑。

這反映的是，青年勞動者較其他階層者更容易被資方裁撤，這與彈性勞動制度有關，如2001年即國內人力派遣從短期聘僱轉為長期聘僱的轉捩點。整體而言，低薪、不穩定就業，成為年輕世代為整體要素市場扭曲的犧牲者。再加上房價隨時間不斷提高，青年成為對於貧窮最有感的族群。

由於資方對於既有勞工變更勞雇制度的困難度較高，青年以及尚未進入勞動市場者則較無力抗拒，導致青年成為資方予取予求的實驗品，若政府不出面建立具保障性的勞雇制度，青年勢將持續受害，世代差異將益加擴大。

圖8：歷年青年與非青年失業率趨勢

參、具體主張

過去許多經濟學家主張「下滲式經濟學（trickle-down economics）」，認為政策先讓社經頂層的人獲利後，經由其消費，最終每個人都能均霑其利益，並使經濟成長更為快速。事實上這根本沒有實現過，分配不均不會帶來更多的成長。（史迪格里茲，2013）不管在美國或台灣，都證明下滲式經濟學與事實不符。因此必須有一套包括薪資、租稅、團體協約與產業政策的調整，才能扭轉此惡化趨勢。

一、薪資帶動成長策略

諾貝爾經濟學獎得主Stiglitz認為，2008年金融危機的根本起因在於所得分配不均，進而造成總需求不足。從1980年

以後中間階層的薪資停滯，並往高所得者集中。由於中下階層的入不敷出，因此必須靠舉借來維持原來的生活，這都是入引發此次金融危機的根本。（Fitoussi and Stiglitz, 2009）

聯合國貿易與發展會議在其年度報告中指出，薪資成長幅度若低於生產力的成長，將限制內需與就業機會。若以調降薪資當作外貿的競爭力，那不但沒有贏家，也造成通縮的壓力。當薪資與生產力脫鉤，受薪者無能力購買這些新增的產出。需求停滯造成薪資與價格有下降壓力，進入通縮的螺旋。（UNCTAD，2011）

根據國發會林慈芳專門委員以本土的數據研究指出，在民國100年時若薪資提高1%，當年的GDP將成長0.42%。因此合理的薪資成長將與經濟成長形成良性循環，達到勞工與企業家雙贏的結果。（林慈芳，2011）

二、基本工資公式合理化

我國基本工資的計算公式雖然隨著經濟環境的變動，修改過許多次，然而還是只能分享部分的經濟成長果實，以至於基本工資的成長率一直遠低於經濟成長率及勞動力成長率。如最近一次（1994年）的基本工資公式為：

基本工資＝[上次核定之基本工資 x（1+CPI+ 1／2工業部門勞動生產力上升率）]

表3：歷年基本工資、經濟成長、勞動生產力與CPI之成長率

年	2005	2004	2003	2002	2001	2000	1999	1998	1997	1996
S	0	0	0	0	0	0	0	0	3.1	3.2
E	5.4	6.5	4.1	5.6	-1.3	6.4	6.7	4.2	6.1	6.2
P	3.6	4.8	6.7	1.8	2.9	5.9	6.7	5.3	5.6	5.2
C	2.3	1.6	0.3	-0.2	0	1.3	0.2	1.7	0.9	3.1

S：名目基本工資成長率； E：經濟成長率；P：製造業勞動生產力指數；

C：消費者物價指數

年	2015	2014	2013	2012	2011	2010	2009	2008	2007	2006
S	3.8	2.6	0	5	3.5	0	0	0	9.1	0
E	3.8	3.7	2.2	2.1	3.8	10.6	-1.6	0.7	6.5	5.6
P					3.2	15.5	1.1		7.2	4.1
C		1.2	0.8	1.9	1.4	1	-0.9	3.5	1.8	0.6

資料來源：作者整理自主計處資料

　　為何勞動生產力的提升，在基本工資只能反映一半？因為爭議大，又無法律依據，因此之後未再以公式求算基本工資數額，淪為以討價還價的方式來決定。

　　近來主張以最低生活費來核定基本工資的呼聲越來越大，因為根據主計總處的家庭收支調查報告顯示，可支配所得最低的五分之一家庭，其平均可支配所得比消費支出還要少二萬二千元，也就是說約有160萬個家庭是處於入不敷出的狀況。因此應大幅調高基本工資，以讓這些家庭擺脫舉債度日的困境。並且增加低所得者的可支配所得，其消費傾向遠高於高所得者，因此也有助於總需求的增加。

表4：平均每戶家庭收支按五分位統計

	第一分位	第二分位	第三分位	第四分位	第五分位
家庭戶數	163.8萬戶	163.8萬戶	163.8萬戶	163.8萬戶	163.8萬戶
可支配所得	30.9萬元	58.3萬元	82.4萬元	111.2萬元	188.3萬元
消費支出	33.1萬元	54.6萬元	71.6萬元	90.2萬元	124.5萬元
儲蓄	-2.2萬元	3.7萬元	10.8萬元	21.0萬元	63.8萬元

資料來源：主計總處，2014

三、全面租稅改革

（一）健全國內稅制

從前面OECD國家所得分配數據，以及底下各國賦稅負擔率可知，賦稅負擔率較高的國家，例如丹麥、荷蘭、挪威與瑞典等國，同時也是在這一波貧富差距惡化的潮流中，受影響最少的國家。長期以來台灣賦稅負擔率偏低，並且由於租稅是所得重分配最有效的工具，因此台灣若想縮小貧富差距，健全稅制當然是首要工作之一。

表5：各國賦稅負擔率－賦稅收入占GDP之比率　　單位：%

國家	台灣	奧地利	比利時	丹麥	法國	德國	荷蘭	挪威	瑞典	英國	美國
含社會安全捐	18.5	43.2	45.3	48	45.3	37.6	38.6	42.2	44.3	35.3	24.4
不含安全捐	12.6	28.3	30.8	47.1	28.3	23.2	23.7	32.6	34	28.5	18.9

資料來源：財政部，2014

　　當前最重要的稅制改革就是「房地合一」的不動產交易所得稅的課徵。根據今週刊在2013年底，針對國內億元富豪所做的問卷調查顯示，過去3年有三成的受訪者財富增長20-30%，另有三成四的人財富增長40%以上。其中有將近六成的受訪者表示，其財富來源為房地產交易。但令人遺憾的是這些人在房地產賺取了大量的財富，不但沒有繳交相對應的稅給政府，還留給社會是一個高不可攀的房價市場。（陳鴻達，2014）除了房價所得比在全球名列前茅外，房貸所得比也在六成以上。一般人即勉強購屋，每月繳貸款的負擔也將嚴重排擠消費支出，這也是內需不旺的主因之一。

　　（二）參與國際租稅協定，打擊海外避稅

　　1980年代興起的新自由主義，使得許多國家競相以減稅來吸引投資，並作為提升競爭力的政策工具。因此以租稅作為財富重分配的效果大幅下降，貧富差距更大。此外國際資本流通的管制開放，再加上金融轉帳等作業便捷化，使得許多企業或富人便將公司或財富搬到海外避稅天堂。在此情形下，一國政府若想加稅，海外避稅越多，政府更課不到稅。因此Stiglitz在主張各國加強累進稅制時，同時建議各國政府參與國際租稅合作，以共同打擊海外避稅。（Fitoussi and Stiglitz, 2009）

　　美國肥咖條款啟動後，OECD等國加速多邊租稅合作的進程，目前已經掀起一股「全球肥咖條款」風潮。尤其是OECD與歐洲理事會於2014年10月，在「租稅行政互助公約，

Convention on Mutual Administrative Assistance in Tax Matters」之基礎，更進一步制定出「多邊主管協定，Multilateral Competent Authority Agreement」。該協定要求所有金融機構的帳戶資訊，每年將自動進行稅務資訊交換，以利各國打擊避稅或逃漏稅。目前已有52個國家或地區簽署此協定，並從2017年9月開始交換資訊。過去被認為是藏匿資金好地方，像是瑞士、開曼與維京群島等都已經簽署，意味著這些租稅天堂將陸續落幕。

法國經濟學家皮凱提，在其「二十一世紀資本論」一書中，對於貧富差距惡化所開出的處方是，開徵全球的資本稅。由於去年國際多邊租稅協定的突破性發展，使得皮凱提的處方顯得不是那麼遙遠。因此台灣應儘速簽署「稅務行政互助公約」與「多邊主管機關協定」，堵住海外避稅的漏洞。（李應元、陳鴻達，2015）

四、均衡的產業政策，提高附加價值

民國100年5月，監察委員沈美真、李炳南與劉玉山提對行政院提出糾正案指出：近10年來我國GDP成長逾3成，惟失業率偏高成為常態，薪資水準與經濟成長落差甚大，經濟成長的果實未能由全民所共享，其中產業過度往「資通訊科技，ICT）」產業傾斜也是主要原因。因為這類資本密集的投資，雖然有助於GDP數據的美化，但其鉅額的折舊，以及增加較少的就業機會，造成當前之困境。該糾正案指出，傳統產業

每投資一億元可創造16個就業機會。而今（2015）年2月台積電表示將在中科五期投資七千億元，只創造五千個就業機會。（經濟日報，2015）

此外雖然產業升級已經推動數十年，然而台灣的產業附加價值率還是未顯著提升，並與美、日、德等國有差距。因此政府應該是協助企業（大部分是中小企業）聚焦於核心能力的提升，在技術或服務上持續創新。幫助各公司做出執該領域牛耳的關鍵零組件，或是專業性產品，如此這些公司才能永續成長，並在市場上取得領導地位。（西蒙，2013）培養更多的「隱形冠軍」企業，讓產業結構朝向多元化與高質化，提高產品附加價值，提高企業獲利能力，自然能創造更多優質的就業機會。

主要國家製造業附加價值率

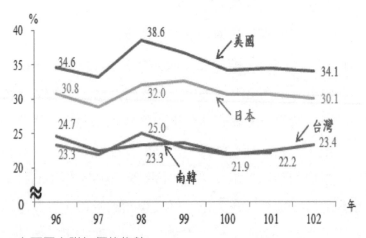

圖9：主要國家附加價值趨勢
資料來源：主計總處，2015

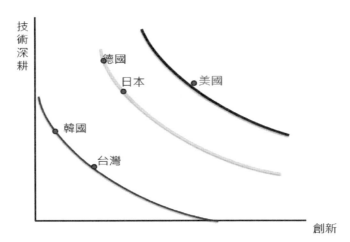

附加價值率之比較

技術深耕

德國

日本

美國

韓國

台灣

創新

圖10：附加價值提升策略
資料來源：花佳正，2014

五、健全團體協約體制，提高勞工薪資議價能力

根據ILO的報告指出，集體談判可讓薪資增長的幅度，較為貼近勞動生產力的成長。在超過百分之三十勞工參與集體談判的國家，人均GDP每增加1%，則平均薪資增加0.87%。在集體談判參與率較低的國家，則只有0.65%。研究並顯示集體談判可提高勞工薪資的議價能力，並且對整體就業與經濟運行沒有明顯的負面衝擊。（ILO, 2009）惟台灣團體協約體制尚未健全，團體協約的涵蓋率也偏低，未來應該修法強化勞工團結、協商、爭議權，並且協助勞方與資方爭議5之協處。

　　在目前3K5級制之下，外勞聘僱已成為廠商常態性聘僱，甚至成為政府招商引資的優惠手段（如鮭魚洄流方案）。導致資方透過外勞來提高其薪資議價能力，進一步壓縮本勞薪資。因此政府應加以限縮，讓外勞回到「補充性」角色，並且修法提高外勞勞動條件。

　　此外大型連鎖服務業挾其經濟規模，易有聯手壟斷勞動市場價格之行為，並濫用非典型雇用。因此應加強對服務業的勞動檢查，並逐步限縮其派遣比例，並查察廠商是否有假承攬真派遣的現象。

參考文獻

Fitoussi, J. and Stiglitz, J（2009）, The way out of the crisis and the building of a more

cohesive world, OFCE working paper No.17

ILO（2009）, Global wage report 2008/9: minimum wages and collective bargaining

toward policy coherence

Lavoie,M. and Stockhammer, E.（2011），Wage-led growth: concept, theories and policies, ILO 2012）

UNCTAD（2011）, Trade and development report 2011

OECD（2008）, Are we growing unequal? Income distribution and poverty in OECD countries

OECD（2011）, Divided we stand: why inequality keeps rising

OECD（2014）, Focus on top income and taxation in OECD countries: was the crisis a game changer?

工商時報（2015），上市櫃去年獲利 1.86兆創新高，2015年4月1日。

于國欽（2013），《巨變中的台灣經濟II》。台北:商訊文化，頁128。

中央研究院（2014），《賦稅改革政策建議書》。

史迪格里茲（2013），《不公平的代價—破解階級對立的金權結構》。羅耀宗譯台北：天下雜誌出版，頁44。

主計總處（2014），《102年家庭收支調查報告》。

主計總處（2014），《人力運用調查報告，2008-2014年》。

主計總處（2015），國情統計通報的045號。

西蒙（2013），《隱形冠軍—21世紀最被低估的競爭優
　　　勢》，張非冰等譯，台北：天下雜誌出版。

李應元（2014），力挽狂瀾：民進黨的勞工政策與成果，收
　　　入於《民進黨八年執政論文集》。

李應元、陳鴻達（2015），租稅天堂落幕，全球肥咖條款啟
　　　動，天下雜誌獨立評論。

　　　http://opinion.cw.com.tw/blog/profile/52/article/2408

林宗弘等（2012），《崩世代—財團化、貧窮化與少子化的
　　　危機》。台北：台灣勞工陣線協會，頁68，104，132。

林慈芳（2011），工資與經濟成長之分析：全球趨勢與台灣
　　　實證，經建會綜合規畫研究。

花佳正（2014），提升附加價值之產業發展策略。

財政部（2014），《2013年財政統計年報》。

陳鴻達（2014），被模糊的稅改工程，天下雜誌獨立評論，
http://opinion.cw.com.tw/blog/profile/52/article/1452

新北市政府（2014），《新北市所得分配探討》，新北市主
　　　計處，2014。

游麗君（2012），台灣生產面要素所得份額之變動分析，經
　　　建會綜合規畫研究。

張啟楷（2012），《搶救您的納稅錢》。台北：商周出版

社，頁242-3。

經濟日報（2015），環評過了台積投資中科7,000億，記者宋
　　建生、謝佳雯、鄭杰、尹慧，2015.02.07。

薛琦（2007），總體經濟指標判讀，

http://cc.shu.edu.tw/~schive/DOCUMENT/macroeconomics.doc

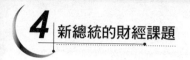

鄧部長，其實您不懂我的心

　　經濟部長鄧振中在接受英國金融時報時表示，將開放中資投資台灣IC設計業。鄧部長文官出身，行事風格應該比較保守才對，他會公開對此爭議問題表態，極可能是看到日前聯發科公開表示樂見中資入股該公司。既然該公司都不擔心被併吞了，政府應該也沒什麼好顧慮的。假如鄧部長真的如此想，那他就真的會錯意了。

　　聯發科應不至於天真的相信，中資入股後只會當個純財務投資者。但於對中國指名要入股聯發科，該公司因為主要市場在中國，因此對此回應當然要有些「外交辭令」。否則過於直白的回應，萬一引發中方不悅，對該公司進行報復抵制就麻煩了。

　　該公司當然會擔心中資會藉此取得該公司的營業祕密，甚至進一步取得經營權。但因為寄人籬下，不方便說這些話，因此該公司心理面應該急著希望政府能發出異議之聲。讓該公司在拒絕中資時，有政府反對當藉口，避免當場撕破臉。即使最後沒擋下，至少也能幫忙喊一個好價錢。

　　可惜鄧部長不懂業者的心聲，貿然掀開底牌，使得業者的籌碼盡失，談判的戰略縱深消失，壓力一下子兵臨城下。

　　美國職棒大聯盟的洋基隊，對於能壓制洋基打線的敵對投手，或是能轟垮洋基投手的巨砲，洋基就不惜動用巨資來

挖腳，造就其輝煌的戰績，但也帶來邪惡帝國之稱號。近來中國在擴展企業版圖時，就頗似洋基帝國的策略。他們相信用買的，是打敗對手最便宜的策略。殷鑑不遠，大家不可不慎。（原登於即時蘋論，2015年11月27日）

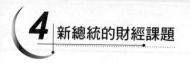

自經區，浮士德的誘惑！

　　自經區真的是一帖良藥，能打開台灣沉悶已久的經濟嗎？真的值得馬政府不惜升高朝野對峙，與在野黨正面對決？事實上不僅馬政府無法對各界的質疑提出令人滿意的說明，連馬政府提出的評估報告都顯示，自經區只能帶來蠅頭小利。

　　根據國發會與經濟部在今年3月25日提出的「自由經濟示範區稅式支出評估報告」第30頁指出，示範區成立後預計可提高民間投資11.75－35.8億元，增加本國就業人數353－1074人，」

　　馬政府如此大張旗鼓，成果與竹科南科等相比，只有其九牛一毛。令人不解的是，為了此微不足道的利益，值得馬政府如此勞師動眾，破壞公平正義與國家體制來交換嗎？自經區主要的缺失如：

一、壞小孩才有糖吃，海外資金回國免繳17%的營所稅

　　過去不少國內企業在海外避稅天堂設立子公司，再以移轉訂價等手段將資金搬到海外，造成稅收大漏洞。為此去年4月1日立法院財政委員會審查通過所得稅法修正案，計畫對海外公司課稅。然而國民黨卻以種種藉口，遲遲不願進行三讀程序。現在真相大白了，原來是在等自經區條例通過，未來將可堂而皇之地將過去藏匿海外的資金搬回國內，並享免稅

優惠。這等於是變相懲罰所有根留台灣、持續投資台灣的國人，極不公平。

二、鼓勵當假外資、假外國人

為了鼓勵外資投資，自經區條例草案規定外資免課營業所得稅。這將使得國內同類型廠商面臨不公平競爭。在這種寧與外人，不與家奴的政策下，將驅使國內業者在境外設立公司，再以外資之姿進入自經區享受免稅。此外自經區草案也規定外國專業人士的所得，以半數計入綜合所得總額課稅。這也將誘使國人入籍他國，當假外國人來避稅。

三、租稅優惠造成貧富不均，且無益於產業升級

由於促進產業升級條例有太多缺失，因此已經落日。但自經區的租稅優惠，是假自由化之名，走租稅補貼的回頭路。不但有損國庫稅收，對產業升級幫助不大，更將讓所得分配惡化。根據台北大學公共事務學院蘇建榮院長的分析指出，我國政府的租稅減免與所得分配比呈正相關，並且隨著減稅規模的擴大，所得分配比加速惡化。

四、門戶洞開，盤判籌碼盡失，不利未來FTA談判

FTA是雙邊談判雙方的市場開放，而自經區是台灣單方對全世界市場開方，而不求任何回報。未來在與各國洽簽FTA時，各國一定是要求台灣在自經區的基礎上，要求額外的開放。屆時自經區會變成台灣談判的籌碼呢？還是包袱！不言自明。

五、養虎為患，山寨打擊正牌

未來自經區將可免稅從中國進口原料半成品，在台灣加工後就貼上「Made In Taiwan」外銷。那對使用台灣原料的業者公平嗎？一旦本土的原料供應商被打趴，台灣對海外原料依賴加深後，台灣會更有競爭力嗎？進口大量廉價原料與半成品，產量大增後，會不會造成價格下跌的壓力。過去台商去中國擴大產能，結果造成割喉競爭，毛利下滑，殷鑑不遠。

六、空白授權成為特權舞弊的溫床

自經區特別條例草案共計73條，其中要求立法空白授權，由主管機關自行訂定之辦法、標準、準則或規則之條文，高達33條次，不僅超過「九二一震災重建暫行條例」的數字，更創下我國立法史的紀錄。許多開放的必要配套措施及風險管控，皆由行政部門說了算。立法院無從監督，不但造成行政立法權之紊亂，空白授權亦將成為特權舞弊的溫床。

馬政府執意在臨時會中通過自經區條例，今後台灣將必須付出沉重代價。浮士德尚且為了知識與權力才出賣靈魂，自經區為了蠅頭小利卻要犧牲公平正義，破壞國家體制，太不值得。（原登於天下獨立評論，2014年6月25日）

觀光業應儘速騰籠換鳥

今年度入境台灣的外國人，很可能突破一千萬人次大關。這是馬政府執政之初夢寐以求的目標，但現在反而是一項警訊。因為大量陸客（將近四百萬人次）的到來，並未達到如預期的效益，反而造成觀光品質惡化等問題。也就是說台灣的觀光業必須進行「騰籠換鳥」，才能維護觀光品質與永續發展。

根據觀光局的調查，全體觀光客平均每人每日在台灣的花費約270美元。其中日本旅客平均每人每日的花費為332美元，而陸客只有264美元。再以花費細項觀之，陸客主要花費在購物，但在住宿、餐飲與交通的花費則不到日本旅客的一半。

據統計陸客主要購買珠寶或玉器類，占其購物預算的三成以上。很不幸的這些商機並未雨露均霑給國內各商店，而是集中在陸資或港資一條龍商店。國人沒賺到這些錢，但陸客買後若不滿意，帳卻記在台灣人身上。

另外陸客對旅館飯店業的商機看似很大，但絕大部分都是廉價微利的消費。特別是低價團的觀光客在台灣普遍住不好、吃不好、座車不好，我們實在很難奢望這些客人對台灣有好印象。因此會傳出「沒到台灣終身遺憾，來到台灣遺憾終生」的名言。這也難怪陸客的三年內重遊率只有9%，而非陸

客的重遊率高達50%。

　　我們必須體認觀光資源不是取之不盡，用之不竭。並且當觀光客到達一定數量後，也會排擠到其他的觀光客。目前台灣許多著名觀光景點，已經因為過多的陸客而趨近於飽和，進而排擠到國人與其他觀光客。為了維護觀光品質，各景點對於訪客應該落實總量管制。

　　因此台灣目前觀光業發展重點是「質的提升」，不再是量的增加。具體的做法是配額優先給高端團、健檢醫美團等，並現場查核這些團是否名實相符。此外由於商務人士的消費比一般觀光客高，因此應與經貿部門的會展產業相配合。在規劃國際會展活動時，同時提供觀光行程，增加商務人士在台停留天數與消費。

　　除了善用目前的觀光資源外，台灣對於軟硬體也必須再投資。從桃園機場第三航道航廈的開發，到相關景點設施的設計規劃，再到基層人員服務品質的提升，台灣都還有極大的升級空間。唯有服務品質與訪客內容同時提升，才能優化並永續經營台灣的觀光產業。（與李應元合著，原登於即時蘋論，2015年7月22日）

以攬才之名攬外勞

國民黨執政這八年來，國內外專業人士紛紛用腳投票，台灣不但留不住人才，也攬不到人才。根據英國牛津經濟研究機構的研究指出，台灣外移人口中，專業人才佔比高達六十一‧一％，人才外移全球最嚴重。另一方面洛桑評比與世界經濟論壇同時指出，台灣在吸引人才的評比中連續在亞太七國中墊底。

因此歐僑商會與國內有識之士，紛紛要求馬政府要加強延攬國際人才，否則國際競爭力堪慮。對此呼籲，目前馬政府正計畫放寬外籍白領來台工作。但仔細一看卻發現根本是以開放白領之名，行挾帶藍領之實。

例如在修訂外籍白領勞工工作資格審查標準中，大幅降低資格標準。過去至少累計點數須達七十點以上，現在預計降到六十點。再加上對於薪資要求更加放寬，且不訂下限，因此預料將為藍領外勞開一扇方便之門。

此外政策上應是對全球優秀人才開放，但馬政府卻特別為港澳人士開方便之門。過去外籍白領至少要大學畢業，但現在港澳人士竟然降低到高中畢業，或是取得丙級證照即可。過去規定具有華語以外的外語能力可以加分，現在竟然將港粵語也列為加分項目。實在有違廣納全球優秀人才之本意。

　　對所有優秀人才開放，除彌補本國人才不足外，更能發揮與本國人才切磋的功效。此外延攬人才也應與經貿發展布局相配合，由於東南亞與印度的重要性不斷升高，因此東南亞的留學生與優秀人才應是我們招攬的對象，更是我們擴展海外市場的生力軍。

　　（原登於自由廣場，2016年1月1日）

中國有讓利嗎？

　　從ＥＣＦＡ談判開始，馬政府總是對國人說，中國如何對台灣讓利。不知實情的人還真誤以為中國基於對台統戰，而大幅對台讓利。事實上，目前台灣對中國的平均關稅稅率只有四‧二三％，而中國對台灣貨品的關稅平均稅率卻高達八‧八七％。誰對誰的進口貨品較優惠，由此一目了然。

　　目前兩岸關稅的稅率結構中，台灣對中國開放二六〇個項目零關稅，但中國卻只對台灣開放一一二五個項目。台灣對中國貨品關稅稅率在五％以下的項目高達五十八‧四％，但中國對台貨品關稅在五％以下的只有二十六‧七％。馬政府若還是說，它們爭取到中國對台灣讓利，那就真的存心誤導了！

　　昨日經濟部的代表團再次赴北京商談貨貿協定，我們希望能有一個公平對等的結果，最起碼一定要縮小目前不平等的關稅稅率。此外，中國已經與韓國簽訂ＦＴＡ，中韓相關稅率應該也是此次貨貿談判的指標。貨貿的條件若劣於對韓國的條件，讓韓國貨在中國更有競爭力，那就太不夠「兄弟」了。此外，由於全球氣候變遷使得環境與農業生產更為脆弱，為了降低彼此未來所遭受的衝擊，農業應有特別的安排，避免過度自由化所帶來的風險。

　　最後再次提醒馬政府，過去騙國人說中國對台讓利，那就算了。現在談判時心中若還真的認為中國對台有讓利，那氣就比別人矮一截，如何奢望有一個令人可接受的結果。

　　（原登於自由廣場，2016年1年7日）

第 5 篇

年金改革

他們退休領更多，我們退休已破產

　　日前財政部長張盛和在一場公開演講中表示，他太太原本是國中老師，現在退休金反而比工作時還多，所得替代率超過100%。事實上這種好光景再也無法維持多少年，因為根據退撫基金的精算報告推估，退撫基金可能在民國106年開始支出大於收入，到了民國115年整個基金的錢完全用光。

　　對於此危機，退撫基金不從減少退休給付著手，反而企圖以提高資產報酬的方式來延緩基金破產的來臨。因為根據精算，基金平均每年的資產報酬若能達到7%，那麼基金到民國111年才會出現支出大於收入，120年才會發生基金用完的情形。

　　結果越是想得到高報酬，基金投資報酬的績效就越差。例如退撫基金在民國97與100年分別出現860億元與284億元的虧損。而105年前11月的虧損也達105億元。也就是說，偷雞不著蝕把米，不但不能改善基金的財務壓力，反而加速基金破產的來臨。

退撫基金歷年收益情形

年度	已實現收益數（億元）	已實現年化收益率(%)	加計未實現損益及備供出售金融資產投資評價損益後之收益數（億元）	加計未實現損益及備供出售金融資產投資評價損益後之年化收益率(%)	臺銀2年期定期存款利率(%)
85	4.83	7.78	4.83	7.78	6.93
86	34.66	12.42	34.19	12.25	6.29
87	52.86	9.12	15.51	2.68	6.31
88	73.97	8.18	110.40	12.21	5.85
89	196.92	9.97	-171.83	-8.70	5.14
90	67.13	4.72	54.71	3.85	4.02
91	45.43	2.59	-44.26	-2.53	2.25
92	39.50	1.95	164.98	8.13	1.57
93	63.32	2.63	53.14	2.21	1.50
94	99.14	3.66	128.30	4.74	1.81
95	140.96	4.45	346.63	10.93	2.18
96	210.88	5.62	184.28	4.91	2.47
97	-94.97	-2.46	-860.87	-22.33	2.69
98	63.59	1.63	762.63	19.49	0.94
99	134.89	3.05	159.47	3.60	1.07
100	68.73	1.44	-284.51	-5.98	1.32
101	106.63	2.21	298.11	6.17	1.40
102	205.92	4.00	427.68	8.30	1.40
103	252.11	4.60	356.46	6.50	1.40
104（至11月底）	141.75	2.75	-105.52	-2.05	1.39

註：89年度係一年半之會計期間。

根據日前行政院向立法院提出的下年度總預算顯示，新制與舊制的軍公教退撫基金總共有8.4兆元的潛藏債務。只要一日不調整退撫給付，整個潛藏債務就不斷的向上推升。

　　對於每一個國人的退休生活，都有一個合理的財務保障，這原本是鞏固社會凝聚力的基礎。但若因不同的職業別而有過大的差別待遇，那反倒成為社會矛盾的根源。今天各種年金的財務，都已經在潰堤邊緣，已經到非改不可的地步。因為今日不做，明日更難。今日不做，明日一定後悔。

（原登於即時蘋論2015年9月4日）

揭開勞保基金黑盒子

根據近幾年「勞工保險、職業災害勞工保護專款及就業保險財務帳務檢查報告」，可發現勞保基金的投資紀律鬆弛，勞工的養老金就如此不明不白的蒸發。

股票慘賠九成未停損

根據勞保基金管理的內規，所投資的股票若跌掉20%以上，就必須進行停損，若認為情況特殊值得續抱，還需寫報告開會同意後才能續抱。結果海外委託代操部分，竟然有多檔股票慘賠未處理。例如委託Janus 公司代操，購買Gramercy Capital公司的股票，結果慘賠93%。又如委託Alliance Bernstein公司代操，購買Lagardere Group公司股票，結果慘賠63%。其他詳如說明2。

基金密集下單36億元，有違常理

再以購買基金為例，過去都是分批進場以降低風險，但勞保基金在99年4月間，連續下四筆大單購買對沖基金，每筆交易金額高達三千萬美金，讓勞保基金承受極大之風險。我們要質疑的是，對沖基金是屬高風險，波動劇烈的商品，理應分批進場以降低風險，勞保基金到底在急什麼？

高層交辦，管理費有爭議

據了解，該投資雖有經過相關投資會議的程序，但整個

投資標的與金額是由高層交辦，投資會議只是找相關人員背書而已。此外國外基金公司對於勞保局這類官方的投資者，都不收取管理費，或給予特別優惠。但勞保局購買這四筆基金的管理費，卻沒享受到官方投資者的優惠。馬政府要給國人一個交代。

說明

1. 本案資料來源為99年度「勞工保險、職業災害勞工保護專款及就業保險財務帳務檢查報告既建議事項執行情形彙編」P.110-118

2.海外委外代操慘賠如下：

委託單位	股票名稱	損失率	損失金額（美金）
Alliance Bernstein	Lagardere Group	63%	75萬元
Alliance Bernstein	Telecom Italia	50%	56萬元
Alliance Bernstein	Nokia Corp	53%	75萬元
Invesco	Sansha Electric	60%	26.5萬元
Janus	Prologis SBI	53%	344萬元
Janus	Radian Group	53%	337萬元
Janus	Capitaland ADR	51%	316萬元
Janus	Gramercy Capital	93%	19.7萬元

3.投資四檔對沖基金之日期與名稱如下：99年4月1日申購「USB Stable Alpha Ltd-Class H Shares」與「J.P. Morgan Multi-Strategy Fund II, Ltd」；99年4月12日申購「GAM Trading II」；99年5月1日申購「RNF Special Opportunities SPC-Share Class SOI4 Man Commodity Strategies – USD Shares」。

4.2000年來勞保基金每年的投資報酬率

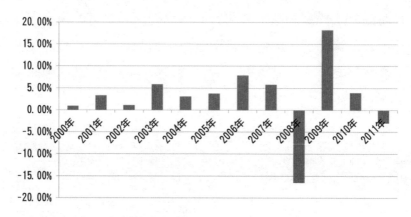

民進黨執政期間平均每年報酬3.98%
馬政府執政期間平均每年報酬0.67%

投資績效不彰，社保基金加速破產

　　勞工保險基金、新制勞工退休基金、舊制勞工退休基金、公務人員退休撫卹基金及國民年金保險基金截至民國100年底止之規模，分別為4,519億餘元、7,427億餘元、5,621億餘元、4,711億餘元及1,024億餘元，合計2兆3千餘億元。可惜如此鉅額基金之投資績效不彰。

　　以100年度為例，各該基金投資均未達預期收益目標，且損失金額合計高達898億餘元。其中勞工保險基金損失124億餘元（報酬率為負2.97％）；新制勞工退休基金損失264億餘元（負3.95％）；舊制勞工退休基金損失190億餘元（負3.53％）；公務人員退休撫卹基金損失284億餘元（負5.98％）；國民年金保險基金損失36億餘元（負3.66％）。

　　馬政府辯稱績效不佳是因國際環境所拖累，但也是遠遜於國外的政府基金。例如國內表現最佳之勞工保險基金，其5年、10年平均收益率分別為1.69％與3.03％，仍遠不如加州公務員退休基金（CalPERS）的3.4％、5.4％。又如舊制勞工退休基金之10年平均收益率，與新制勞工退休基金5年平均收益率，都低於同期間法定平均，顯示各該基金之短、中、長期投資績效均欠理想。

　　這些社會保險基金先天不足，制度設計未臻周妥，其保險費率或提撥率，遠低於精算平衡費率。再加上後天失調，

投資績效不彰，使得各該基金財務缺口逐年累增。據監察院100年度之決算報告指出，個基金之潛藏負債高達8兆餘元。

由於我國人口快速老化，國人平均壽命增長，各該基金財務給付壓力勢將逐年擴增，為確保基金永續經營，馬政府應加強基金風險管理，俾有效提升基金投資運用效能。

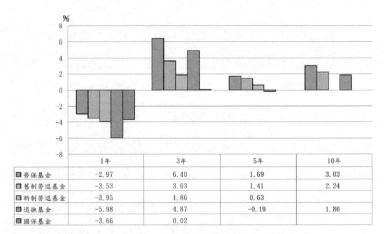

	1年	3年	5年	10年
■ 勞保基金	-2.97	6.40	1.69	3.03
■ 舊制勞退基金	-3.53	3.63	1.41	2.24
■ 新制勞退基金	-3.95	1.86	0.63	
▨ 退撫基金	-5.98	4.87	-0.19	1.86
▨ 國保基金	-3.66	0.02		

附件一、截至民國100年度各基金投資績效圖
資料來源：審計部100年度決算報告

表 19　　民國 100 年度預估潛藏負債情形表

單位：新臺幣億元

項　目	潛藏負債	備　註
合　　計	84,259	
退休撫卹基金未提撥之退休金	19,125	現行提撥率為 12%，遠低於公教軍三類人員精算後之最適提撥率 40.7%、42.3%、36.7%。
勞工保險（普通事故老年、失能及死亡給付）未提存責任準備	63,131	現行勞工保險普通事故保險費率為 7%，遠低於精算後之最適費率 23.84%。
國民年金未提存準備	2,003	現行保險費率為 7%，遠低於精算後之最適費率 18.97%。

資料來源：整理自民國 100 年度中央政府總決算。

附件二、各項社保基金之潛藏負債
資料來源：審計部100年度決算報告

先領30年月退，90歲再改領一次退，越領越多，軍公教年金大漏洞

　　您能想像一個退休軍公教在領了三十幾年的月退後，在九十幾歲的高齡，還可改領一次退，並領取一次退休金之半數，破壞退休制度的公平性。現行兩岸人民關係條例第26條，讓這種不合理的情事一再發生，應修改此不合理規定。

　　目前已支領各種月退之退休軍公教人員，只要在過去三年中在中國居留超過183天者，就可以擬赴大陸地區長期居住為由，申請改領一次退休金。可領取金額為其原可領之一次金，減去已領月退金之餘額。但無餘額或餘額未達原一次退之半數者，一律發給一次退之半數。

　　申請改領一次退者，幾乎都是八、九十歲，已領二、三十年月退者。已領取金額已經數倍於原可領取之一次退，卻在生命終點前，改申請領一次退，竟然還可領取一次退休金之半數，嚴重破壞年金制度的公平性，也加重國家財政負擔。並且根據銓敘部的統計，申請者的年齡有越來越老的趨勢，過去平均申請年齡約80歲，但最近5年的申請者已經升高到88歲，顯見道德風險越來越高。

　　這個可改領規定是對所有的軍公教退休人員開放，不管籍貫是本省籍或外省籍皆可申請。這在兩岸交流日益頻繁與便捷的今天，將誘使越來越多人已領月退者改申請領一次退。

雖然兩岸人民關係條例施行細則規定，改領一次退者每年必須在中國居留183天以上，但實務上根本未進行追蹤。並且這些人在改領後都還可保有全民健保資格，再再都增加鑽此漏洞的可能性。

年金制度的設計，原本是照顧退休人士到其生命終點即終止，但這個制度卻讓人可以額外再領一筆，十分不公平。此外軍公教退休事務，理應在相關退休法中規定，當初在兩岸人民關係條例作此規定，實在是不倫不類。為了修補此漏洞，因此應將可再領取的金額從原來的二分之一降為十分之一，以降低取巧的誘因。

補充說明:

1. 從民國82年至今申請改領一次退之公務員：80人（不含軍教，另統計中）

2.申請改領一次退之最高年齡:94歲

3.近5年平均申請者的年齡88歲。

4.近5年申請者，平均已領24.6年的月退俸。

實際案例

1.今年有一位退休A先生98歲，已經領了33.6年的月退，每月領月退3.2萬元。再申請改領一次退，並領得89.5萬元。

2.去年也有一位退休B先生88歲，已經領了21.9年的月退，每月領月退2.6萬元。再改申請領一次退，並領得114萬元。

退休前猛加班，台電員工退休金大進補國庫失血，全民買單

部分台電員工退休前大量加班，平均每人每月超過20小時，增加了台電退休金支出，也加重您我荷包的負擔。

由於勞動基準法對於退休金的計算，是以退休前半年的薪資為計算基準，因此過去常有國營事業員工在退休前半年大量加班，以增加退休金額度。在各界的監督下，中油、台糖與台水等公司已經杜絕此陋習，然而虧損最嚴重的台電卻還有此情形發生。

以101年為例，台電員工在退休前半年有70人有加班紀錄，並申報9564小時的加班，平均每人每月的加班時數高達22.8小時，超過行政院規定20小時的上限。

每個月若有9千元的加班費，一個年資40年的員工可多領將近50萬元的退休金，台電也因此每年多兩三千萬元的員工退休金負擔。雖然與其龐大的虧損不成比例，但這等於變相搬國庫的錢，十分不合理。

此外要質疑的是，台電目前有26747位員工，平均加班人數只有11074人，這表示半數以上的員工沒有加班。那麼為何還要讓這些屆退員工加班這麼多時數？為何總是這些人獨享此「加班福利」？台電必須給國人一個交代。

台電退休員工退休前半年之加班統計

	退休前半年加班總時數	有加班記錄人員數	平均每月加班時數	台電退休金負擔增加數
100年度	6468小時	53人	20.34小時	2650萬元
101年度	9564小時	70人	22.77小時	3500萬元

以年資40年的員工為例，每月加班費以9000元計，退休金可多領約50萬元

退休金=（薪水+加班費）x年資基數

前15年年資每年2個基數，以後每年1個基數，故年資40年可獲得55個基數

每人退休金約增加：9000元x55=495000

發放退休公務員年終慰問金，違反所得替代率上限規定

　　民國99年8月修正通過的公務人員退休法，明定退休公務員的所得替代率不得超過95%。為了配合此新法律，考試院在民國99年11月刪除「公務人員退休法施行細則第二十六條第二項」，中止退休軍公教人員領1.5個月的年終慰問金。因為一旦發放1.5個月的年終慰問，等於每個月的所得增加12.5%，那麼所得替代率將超過法定上限。

　　結果行政院竟為了政治考量，以國庫來進行綁樁。以一紙「軍公教人員年終工作獎金及慰問金發給注意事項」，違法發放年終慰問金。現在東窗事發，竟然大打迷糊仗，說是依行政慣例。對於99年8月修正通過的公務人員退休法，故意視而不見。

　　對於陳冲院長說考慮以打折或排富的方式來處理，根本就是搞錯方向，因為這是合不合法的問題，不是行政裁量的範圍。至於有人以大法官釋憲案，說政府在給付行政時，可採較寬鬆標準，這更是胡說。對於法律已經設定上限的事項，行政權絕不能任意放寬。並且過去政府在發放老農津貼、國民年金或其他各種福利津貼時，若有溢發情形，都會要求繳回或扣抵。

刪除「年資滿30年不用再繳公保、健保費」之規定

現行公教人員保險法規定，已繳付保險費滿三十年者，其公保費與健保費全部由各級政府負擔。為此政府每年負擔近3.7萬名資深公教人員的健保費與公保費，預算高達9.5億元，極不合理。

本案是整個年金改革的第一關，希望國民黨也能成全此提案，並在本會期休會前完成三讀，否則馬政府說要改革年金制度，都是喊假的。本提案的理由如下：

一、公保費率偏低，不足以支應退休給付

雖然政府每年撥補公保基金一、二百億元，但根據行政院102年的總預算指出，公保目前潛藏的負債仍高達1602億元。也就是說目前公保的保費收入偏低，不足以支應日後的給付支出。因此實無理由在繳費滿三十年後，由各級政府負擔其公保保費。

二、健保須落實風險分擔與使用者付費原則

全民健保之原理，係基於風險分擔與使用者付費原則，故除了弱勢低收入戶外，都必須繳納保費，才能享受全民健保的醫療保障。因此這些資深公務員實無由全體納稅人替其繳納健保費的道理。

三、資深公務員社經地位優，更無理由由他人代繳保費

據媒體報導，目前由政府代繳公保與健保費的官員包括：國安會祕書長楊進添、法務部長曾勇夫和主計長石素梅等高級官員。在社會貧富差距日大，民怨日深的今天，這些資深公務員的保費，更不宜由國庫代為繳納，以免加深民眾之相對剝奪感。

這項不合理的規定終於在2014年6月被修正，年金改革唯一之進展。

各級政府每年補助年資30年以上公教人員之公保與健保費用統計表

	受補助人數	補助金額（億元）
公保補助	36940	4.9
健保補助	36940	4.6
合計	36940	9.5

1.受補助人數截至101年9月17日為36940人

2.公保數據由台灣銀行公保部提供

3.健保數據參考公保與健保相關規定，推估得出

涉案官員搶領一次退，落袋為安

　　根據銓敘部統計，一九九八年三月起十三年內，一百二十七人判決有罪公務員順利退休，其中四十一人領取一次退休金。依現行法規，涉貪公務員只要判刑定讞或監院彈劾前退休，即使退休後有罪定讞，政府也無權追討退休金，形同「落袋為安」。

　　同期間共有五百三十位涉案公務員申請退休，僅二十九人申請駁回，五百零一人順利退休公務員中，一百二十七人最後判決有罪定讞，其中四十一人領一次退休金、八十二人領月退金、四人兼領一次退及月退金。

領取退休金種類	領取人數	無罪確定	有罪確定	審理中
一次退休金	87	20	41	26
月退休金	384	184	82	118
兼領	30	14	4	12
合計	501	218	127	156

統計期間為1998年3月至2011年3月

　　當時已領退休金的涉案公務員中，以消防署前署長黃季敏及經濟部前次長侯和雄最具代表性。黃涉貪遭起訴，目前仍遭羈押，他已於二〇〇九年十月退休，今年一月遭監察院彈劾，但已領取的退休金無法追回。侯和雄二〇〇七年涉治

水弊案，二〇〇九年一月一審遭判六年八個月，經濟部同年九月准其退休，侯上月已判刑五年兩個月定讞，其退休金也無法追回。2013年5月李應元委員向媒體批露後，社會各界一片譁然，紛紛要求修法堵住此漏洞。

　　2015年5月終於通過公務員懲戒法，參考德國聯邦公務員懲戒法，對離職人員之退休金，設有一部或全部限制支付之機制，已支領者，並應追回之，使對離職公務員之懲戒具有實效。

　　惟最後修法結果，似乎還是傾向保障公務員權益。例如減少退休金的比例只有百分之十至百分之二十，另公教人員保險養老給付、軍人保險退伍給付、公務員自行繳付之退撫基金費用本息或自提儲金本息，不在此限。

愛之深 告之切？

在副總統辯論會中，王如玄再次強調她擔任勞委會主委期間通過勞保年金化，讓勞工退休生活有保障。事實上勞保年金化的修法內容，以及在立法院的朝野協商在民進黨執政時期就已經底定，但是國民黨就是不願在民進黨執政期間通過修法，因此一再杯葛。馬英九五月二十日上台後，國民黨馬上在七月十七日通過勞保年金化的修法。擋修法的是國民黨，搶功的也是國民黨，不禁令人想起白蛇傳。解毒的是國民黨，但難道下毒的不是國民黨嗎？

王如玄又說，勞工沒錢打官司沒關係，她在勞委會主委期間編預算給勞工打官司。事實是二〇〇五年勞委會推動「勞工福祉保障方案」，勞工如被雇主不當對待，勞委會除了對勞工提供訴訟補助，勞工若因訴訟而沒有收入，還給予最高六個月的生活津貼。就是因為有此完善的配套，使得後續勞工相關政策都能順利展開。

政府的施政有延續性，好的政策本來就不該因為政黨輪替而被棄置。繼任者應該在前任的基礎上繼續進步，這才是全民之福。但是看到編列二千多萬律師費控告勞工的王如玄，竟然如此大言不慚地掠人之美，實在令人搖頭。

（原登於自由廣場，2015年12月27日）

第6篇

國營事業

買貴賣便宜，內銷補貼外銷

　　根據中油送交立法院103年度的預算書顯示，中油進口一桶原油美金100元，但在海外油田開採的原油一桶只賣68美元。並且內銷油品價格比外銷高，以內銷補貼外銷，吃定台灣消費者，中油到底在搞什麼鬼？

　　中油與中國石油公司（CNODC）合作開採油氣，並取得該公司在尼日Agadem礦區23.53%探勘權、20%開發生產權及20%內陸管線權益資產。結果一桶原油只能賣68元，約只有國際行情的三分之二價格。為何如此賤賣在海外開採的原油？難道是被中國石油公司黑掉了嗎？（詳見預算書P.18，81）

　　同樣令人不解的是，中油內銷92無鉛汽油每公升21.85元（未稅），但外銷價格只有20.33元，兩者差距達1.52元。至於超級柴油部分，內銷每公升23.65元，外銷只有22.01元，差距達1.6元。也就是說中油長期以來以國人的荷包，來補貼外國人。（詳見預算書P.76）

　　中油在台灣煉油，把汙染留在台灣，反而讓外國人享用較便宜的油價。另外也凸顯中油的效率低，生產成本高於國際市場，以至於必須以內銷補貼外銷，才能將油品賣出去。人民再也忍受不了當冤大頭了，也是中油該是痛下決心進行改革了。

附件1. 中油原油進口與出售價格差異

原油進口價	海外油田出售原油價
每桶100美元	每桶68美元

附件2. 中油油品內外銷價格差異

	內銷價	外銷價	價差
92無鉛汽油（每公升）	21.85元	20.33元	1.52
超級柴油（每公升）	23.65元	22.01元	1.6

註1、本表之價格均不含稅，俾利兩者在相同基準上比較。

註2、目前汽油每公升之貨物稅為6.83元，柴油為3.99元。另需繳納石油基金、土汙基金、空汙費與營業稅。

註3、此處外銷價格為離岸價格，匯率以29.89計算

內銷每公升比外銷貴3元，中油吃定消費者

針對近來國內油價漲不停，中油還宣稱國內油價低於國際油價，但翻開中油102年度預算書的數據，可發現中油油品內銷價格比外銷貴，中油長期吃定台灣人的真相。

根據中油102年預算書的第76-78頁，各項產品銷售收入明細表顯示，每公升95無鉛汽油的內銷價格要比外銷價格貴3.7元，92無鉛汽油貴2.8元，超級柴油貴3.6元（詳如下表）。也就是說國人長期以自己的荷包來補貼中油外銷，造福外國人。

中油油品內銷價格與外銷價格之比較（未含稅）

	內銷價格	外銷價格	價差
92無鉛汽油	21.5元/公升	18.7元/公升	2.8元/公升
95無鉛汽油	22.8元/公升	19.1元/公升	3.7元/公升
超級柴油	23.4元/公升	19.8元/公升	3.6元/公升

註1、本表之價格不含稅，俾利內銷與外銷價格在相同基準進行比較。

註2、目前汽油每公升應繳之貨物稅為6.83元，柴油為3.99元。

另需繳納石油基金、土汙基金、空汙費與營業稅。

註3、出口價格之美金匯率以30元計算。

中油生產的92無鉛汽油有將近一半用於外銷，95無鉛汽油有十分之一，以內銷補貼外銷的比例十分嚴重。對於為什麼內外銷有此價差，中油說是因為外銷價格取決於國際市場，非中油所能控制，而中油可以控制內銷價格，所以會出現此價差。對此說法，很難令人信服，為什麼中油將煉油的汙染留在台灣，而讓外國人享用便宜的油價？

另外這也凸顯中油的效率低，生產成本高於國際市場，因此必須削價才能外銷，因此虧損的部分，就由內銷市場賺來的來彌補。台灣人一方面要忍受污染，一方面又要被當成凱子，成為最大的輸家。

註1.此處外銷價格為離岸價格（FREE ON BOARD; FOB）－意指賣方將貨物裝載於買方所安排於輸出港之船舶上，其責任始告完成。當貨物通過船舶欄杆時，買方則開始承擔所有費用及貨物毀損或滅失之風險，賣方須負責貨物出口報關。

曲解汽電共生法律，每年圖利業者數十億元

　　針對部分汽電共生業者以高價售電給台電，再以低價向台電購電，每年賺取數十億元價差，台電力應堵住此財政黑洞，以免持續推高電價。

　　汽電共生發電應是先供業者工廠自己使用，有餘電再售給台電。因此「能源管理法」第10條規定：「汽電共生設備，……得請當地綜合電業收購其生產電能之餘電，……。當地綜合電業除有正當理由，並經中央主管機關核准外，不得拒絕。」

　　但經濟部卻曲解能源管理法的意旨，在「汽電共生系統實施辦法」中大開方便之門，對於汽電共生業者的發電幾乎來者不拒，背離母法僅要求台電收購「餘電」之規定。甚至離峰時間不缺電時，台電也要收購這些賣不出去的電，堆高供電成本。此外也讓不肖業者有機可趁，以高價售電給台電，再以低價向台電購電，每年賺取數十億元價差。

　　因此經濟部應修改「汽電共生系統實施辦法」，嚴格遵循母法僅要求台電收購「餘電」之規定，並明文規定台電系統不缺電時，或汽電共生業者有「高賣低買」時，可拒絕收購汽電共生之餘電。

　　根據能源統計月報資料指出，以民國100年為例，化學

材料製造業的汽電共生售給台電63億度電，但又向台電購買27億度電。而台電向業者的收購價格每度最高達3.93元，另還要付容量費率。但賣給業者平均約2元，每度的價差1.4元以上。若這些汽電共生業者少賣27億度電給台電，台電將可減少37.8億元的支出。

台電購電單價創新高，民營電廠獲利更豐厚

　　台電2013年的預算書日前送交立法院，但其編列內容明顯違反2012年6月29日經濟部公布的「台電及中油公司經營改善初步檢討報告」。該報告宣稱，每年向民營電廠及汽電共生業者之購電成本分別減少26.5與25億元，結果台電下年度的購電預算卻編列1568.6億元，比今年度的1446.8億元，還增加121.8億元。令離譜的是對外購電的單價還創歷史新高。

　　台電102年的預算顯示，平均向汽電共生業者購電的每度單價為2.673元，比去年成長0.316元；平均向民營燃煤電廠購電的每度單價為2.458元，比去年成長0.072元；平均向民營燃氣電廠購電的每度單價為4.629元，比去年成長0.485元。

　　過去台電以遠高於自己發電成本的單價向民營電廠購電，引爆民怨，經濟部在全民的壓力下，成立「台電及中油公司經營改善小組」，由施部長顏祥擔任召集人，邀請企業CEO、消費者代表、專家學者及相關行政部門代表擔任委員。召開多次會議的「台電及中油公司經營改善初步檢討報告」，不到兩個多月，就被台電的預算書打了一巴掌，也宣告全民追求合理電價的努力，完全做白工。

　　煤價與天然氣價格是火力發電的主要成本，並且這兩種燃料的價格不斷下跌中，台電為何還逆勢調高購電單價？此

外，台電在與民營電廠購電合約的第35條，明文規定雙方可商議調整費率的條件，但現在的換約進度為何原地踏步？馬政府必須為此擔起政治責任。

表1.「台電及中油公司經營改善初步檢討報告」與台電102年購電預算之差距

	經營改善檢討報告	台電102年預算書
向民營電廠購電	減少26.6億元	增加70.5億元
向汽電共生業者購電	減少25億元	增加51.3億元

資料來源：台電102年預算書第70頁；「台電及中油公司經營改善初步檢討報告」第5頁

表2. 101年與102年台電購電單價比較

	101年	102年
汽電共生	2.357元/度	2.673元/度
燃煤民營電廠	2.386元/度	2.458元/度
燃氣民營電廠	4.144元/度	4.629元/度

資料來源：台電102年預算書第70頁；101年預算書第65頁

台糖請鬼抓藥單

台糖公司將其斗六舊糖廠之開發經營權，分別由鉅眾資產管理顧問公司與武智基金會得標，這簡直是請鬼抓藥單。因為前者的老闆曾因不法吸金而被判刑，後者是竊走台糖百億資產的大盜。為何將這個案子交由這兩個頗有爭議的單位來經營，實在令人不解。

鉅眾公司的葉姓負責人，曾因不法吸金，二審被判刑10年。對於古蹟保存及活化，文化農業休閒設施之經營，可說是門外漢。

至於武智基金會，這原是由國家資產所成立的糖業協會，董事長與董監事都是官派。但在2000年總統大選後，政權交接前，該基金會發動政變，變更章程，將董、監事之選任修改為由該基金會聘。從此這個國家資產成立的糖協脫離政府的掌握，淪為少數人禁臠的武智基金會。台糖這個標案為何委託給這兩個可議的單位，並且一次就是30年的開發經營權；並得續約至50年。

台糖斗六舊糖廠的委外開發案共分成兩個標，合計面積高達11.3公頃。很巧的是，這兩個標都只有一家業者投標，並且順利得標。

除了糖協之外，台糖還有一個資產可觀的台灣省蔗農消費合作社（簡稱蔗合社）。該社是由台糖一手創立的周邊

組織，資產據估計也有數十億元，前年又在國民黨手中丟掉了。但馬政府對此卻異常低調，放任公產變私產，不願多談，甚至鴕鳥心態的說，蔗合社本來就不是政府資產。

蔗合社的前身是成立於1954年的「台灣省蔗農之友社」，是由台糖當時的總經理楊繼曾所籌設，以協助推動台糖相關業務。因此蔗合社許多服務據點，還設置於台糖的糖廠。過去蔗合社的社員可參加「蔗農保險」，保費還由台糖支付。而臺糖許多現職人員，也被借調至蔗合社任職。蔗合社許多出國考察，也都會邀請台糖各級主管參加，並負擔該費用。

過去該社三年一任的理監事改選，一向由台糖公司掌握的過半席次，但在100年4月的改選中，總數21席的理事，台糖現職員工只保有10席，首次未過半。這意味著龐大的國產已經偷偷地變成私產。

第7篇

公共管理

公共住宅的亂象知多少

　　這幾年來隨著捷運站的開發，以及公有土地參與都市更新，不管是中央政府或是地方政府都分配到為數不少的房舍。這些房舍大多地處精華地段，有的供公共住宅使用，有的當作辦公室。但往往都是分配下來後才開始想如何利用，而不是先規劃需求，再來蓋這些房子，因此亂象叢生。

　　例如在郝市長時代，北市府分到不少捷運聯開宅。在住宅問題是民怨之首的情形下，北市府就把這些房子當公共住宅，自己當起房東來。這些房舍雖然比不上帝寶，但也稱得上小豪宅，有的還有飯店式管理。為了標榜這批公共住宅是為減輕民眾居住負擔，因此租金大概只有市價的七折。但因坪數大品質佳，因此每戶租金往往需要兩三萬元。結果就是最需協助的中下階層市民租不起，中上階級反而撿了一個大便宜。

　　另外精華區內大批的國有土地參與都更，也出現令人啼笑皆非的情形。由於在都更的過程中，政府部門並未評估自身的需求，進而納入都更的設計規劃，以便都更後可領回符合施政需求的房子。結果都更後領回一批不知如何運用的豪宅。

　　例如國產署2013年8月在國語實小旁獲得分配32戶豪宅（合計2296坪）與32個坡道停車位，每戶面積高達64-81坪。

因為當時的豪宅炒作引發民怨，所以國產署擔心被指責參與豪宅炒作而不敢賣，就徵詢各單位是否願意接收。因為這些房舍都是大坪數與高管理費（每坪每月120元），所以沒人敢接收。

幾經波折，財政部終於在2014年10月標售這批豪宅，結果只賣掉一戶。2015年7月進行第二次招標，結果一戶都沒賣掉。這批豪宅成為燙手山芋，不但放著折舊，並且必須繳交昂貴的管理費與水電瓦斯基本費。這對財政日益吃緊的國庫，可說是一大諷刺。不幸的是，本案不是特例，目前國有土地共參與727件都更計畫，未來還會分到更多的住宅。

因此未來若要藉由都更取得公共住宅，一定要取得都更的主導權，才能分到適合的房舍。不然就是不參與房舍分配，將取得代金挹注住宅基金，在合適的地方興建公共住宅，才能避免這些亂象。（原登於即時蘋論，2015年10月26日）

令人啼笑皆非的國產管理

送您一戶台北市內豪宅如何？相信所有人都會笑納。但您知道財政部國產署要把其中的32戶送給台北市政府時，平時爭取中央補助不遺餘力的台北市政府，竟然視為燙手山芋不敢要這份厚禮！究其原因，可發現政府處理國有財產時的荒謬與失職。

故事起因於政府在汀州路、莒光路以及西藏路交會處有一片國有房舍，因為老舊閒置，所以與周遭社區一起辦理都更。但在都更的過程中，政府部門並未評估自身的需求，進而納入都更的設計規劃，以便都更後可領回符合施政需求的房子。結果都更後國產署獲得分配32戶豪宅（合計2296坪）與32個坡道停車位，每戶面積高達64-81坪。

財政部分到這批豪宅之後怎麼運用？當辦公室？不適合。賣掉？又擔心被批評參與豪宅炒作。左思右想後，把這個燙手山芋送給台北市政府當作社會住宅或公營住宅好了。結果台北市政府回復不敢接這個天上掉下來的禮物。因為這些大坪數與高管理費（每坪每月120元）的豪宅，台北市政府實在沒有勇氣拿來當社會住宅。

由於財政部遲遲未能規劃這批豪宅的用途，以至於從去（2013）年8月交屋至今都在養蚊子。房子不但放著折舊，並且必須繳交昂貴的管理費與水電瓦斯基本費，迄今累計起來

將近475萬元（詳如下表）。政府這些價值不斐的豪宅，竟然變成燒錢的錢坑。這對財政日益吃緊的國庫，可說是一大諷刺。

	每月閒置成本	累計(2013年8月-2014年12月)
管理費(每坪每月120元)	275520	4683840
水費(每戶每月35元)	1120	19040
電費(每戶每月42元)	1344	22848
瓦斯(每戶每月60元)	1920	32640
合計	27萬9904元	475萬8368元

政府豪宅養蚊子的成本分析

　　拖了一年多，財政部終於在今年10月公開標售這批豪宅。可惜銷售手法不得要領，只標售出一戶。還有31戶將繼續養蚊子，繳交昂貴的管理費。假如財政部在去年就標售這批房子，當時的市場行情每坪超過100萬元，現在房地產開始下跌，每坪只賣了80幾萬。這對國庫來說，是個雙輸的結局。

　　不幸的是，本案不是特例，而是冰山一角。目前國有土地共參與727件都更計畫，但其中只有4件是由財政部國產署主導。也就是說，絕大部分的國有土地在未評估政府需求前，就被動參加都更。因此可預期日後會分配到更多不知如何利用的房舍，政府寶貴的資產變成燙手山芋。

　　「安得廣廈千萬間，大庇天下寒士盡歡顏。」言猶在耳，政府在處理國有房地產竟然如此無能，進退失據，真令人啼笑皆非。（原登於民報，2015年1月12日）

合宜住宅的贏家與輸家

日前政院表示將興建兩萬戶「青年生活住宅」，以青年可負擔的價格，出售給符合資格的青年，以落實居住正義。為了幫社會大眾判斷未來是否要購買青年生活住宅，本文就來分析上次合宜住宅計畫的贏家與輸家，以供各界參考，避免做出遺憾的決定。

過去媒體已經多次報導，日勝生或遠雄等公司皆從合宜住宅計畫中獲利數十億元。但社會大眾可能不知道，此計畫行政院不但未編列一塊錢的預算，國庫還從這些民眾口袋中至少賺了一百億元。

以浮洲合宜住宅為例，該基地原本是榮工處器械的堆置場，馬政府以89億元向榮工處價購，再以149億元賣給日勝生。日勝生建造四千八百戶合宜住宅，馬政府幫忙推銷賣給社會大眾，收入全歸日勝生所有。

馬政府向日勝生拿了149億元後，付給榮工處89億元，花12億元開了一條聯外道路，以及其他管理稅務等費用20億元，最後剩下的28億元解繳國庫。此外這塊地除了留下5.9公頃的公園道路用地，還挪出3.1公頃做為國小與國中預定地。也就是說馬政府除了從這個建案賺了28億元外，還賺了一條聯外道路與大批公園與學校用地。

而處境令人擔憂的是浮洲合宜住宅的中籤戶，因為日前傳出有四棟主樑柱出現龜裂、馬桶不通、木門變形等情形。

他們投入半生積蓄，卻得到一戶品質低劣，安全堪慮的住宅，甚至還要長期背負房貸。

再以林口A7合宜住宅為例，馬政府花了244億元辦理徵收土地、補償地上物、整地與公共設施等，再以313億元賣給業者興建房屋或廠房，從中賺了將近70億元。同樣也取得將近100公頃的公共設施用地，以作為公園道路或學校用地。

A7合宜住宅的品質如何？現在還不明朗，雖然之前傳出未經同意變更建材。但可確定的是，這塊基地上的原住戶是最大的受害者。因為政府以低價的徵收費用拆了他們的房子，為了實現政府居住正義的承諾。

從以上的分析可知，以上的弊端都是能解決的，政府只要注意一下分配正義，是有可能達成政府與民眾雙贏的結果。以浮洲合宜住宅為例，政府若能嚴格監督日勝生的施工品質，不讓他偷工減料，就能同時達到創造國庫收入，並滿足民眾住宅需求。再以林口A7合宜住宅為例，政府若能少賺一點，不要占那麼多被徵收者的便宜，再把應有的品質蓋出來，一樣能獲得民眾的掌聲。

雖然馬政府與這些建商都賺了不少錢，但馬政府算不上是贏家，因為他賠上了人民對政府的信賴感。尤其購買者都是相信政府落實居住正義的政策，結果政府不但從中獲利，更可惡的是縱容偷工減料，一起痛宰中籤戶。一個政策最後的結果是政府與人民都受害，那真值得大家深思了。（與李應元合著，原登於即時蘋論2015年05月26日）

亞銀只能花錢受氣嗎？

亞洲開銀行，一個絕大多數國人都感到陌生的組織，若有印象也是停留在該機構擅自更改台灣的會籍名稱。台灣代表忍辱負重出席，在會場上放上「抗議中」的桌牌。這麼一個既陌生，又不友善的機構，最近財政部分5年編列4.4億元參加增資，又分4年捐助6.9億元給亞洲開發基金。雖然金額不多，總是讓國人覺得花錢受氣，這些錢花得太冤枉。

事實上亞銀曾經與台灣經濟發展關係密切。當1965年美國停止對台援助後，台灣頓時失去主要的外援。而亞銀適時創立於1966年，使得台灣在某種程度利用該行的貸款，來減輕美援停止後的衝擊。根據統計從1968至1971年間，我國先後向亞銀借款12筆，總金額為1億39萬美元，分別用於中油石化廠、台鋁、台金、台電、花蓮港、深海漁業及南北高速公路台北楊梅段等之基礎建設上。

但隨著台灣退出聯合國，以及經濟的迅速發展，台灣從1972年起便停止向亞銀行貸款，而這些貸款也已於1991年底全部還清。從此之後，台灣對亞銀就只有參與增資和捐款，缺乏實質的參與。為的只是維持一個被扭曲的會籍，食之無味，棄之可惜。

事實上台灣對亞銀的參與不應如此消極，以至於亞銀變成台灣的一個錢坑。雖然以台灣今日經濟發展的程度，不太

適合再跟亞銀申請貸款，但台灣可以輔導開發中友邦來向亞銀申請貸款或援助，以擴大對外援助的效果。例如台灣對南太平洋友邦的援助計畫中，可由台灣提供部分資金，另外再向亞銀申請貸款或補助，就可發揮加乘效果。此外，這些援助計畫所需的物資，更可盡量向台灣採購。

也就是說，台灣對亞銀應有新的策略，不能每次參與亞銀會議活動，都只是忙著抗議會籍名稱被竄改，而無暇進行實質參與。當務之急是利用亞銀的資源，將國際人道援助，與對外經貿相結合，這才是未來台灣應採取的策略。否則早日退股拿錢算了，幹嘛還在那邊花錢受氣。（原登於民報，2015年1月27日）

悠遊卡卡死台灣電子票證發展

被台北市政府吹捧上天的悠遊卡，雖然帶給台北市民眼前一些方便，但卻犧牲外縣市民眾的權益。再不解決悠遊卡壟斷問題，台灣整個電子票證的發展將付出沉重的代價，屆時台北市民也將是受害者。

電子票證是潮流所趨，為避免各地方各自為政，發行互不相通的「卡」，交通部推動「多卡通」政策來整合。讓國人可一卡全台走透透，而不用準備一堆卡。希望藉此政策，讓各個發卡單位以服務與福利來爭取消費者，如此消費者的權益才會有保障。

結果中南部的業者配合交通部「多卡通」的政策，讓悠遊卡可以搭乘中南部的大眾運輸工具，但他們的卡卻無法搭乘台北的捷運。在此情形下，悠遊卡不僅在台北具有壟斷性的優勢，甚至還蔓延到中南部。

由於有這種立足點的不公平，造成中南部的民眾使用悠遊卡的比例日益升高，甚至過半。假如悠遊卡真的那麼好，那也就算了。事實上目前悠遊卡是使用較落伍的票證系統，而台灣通等業者因為進場時間較晚，因此在交通部的要求與輔導下，使用較進步的系統。

結果新系統可以讀舊系統的卡，舊系統無法讀新系統的卡。悠遊卡可拿到中南部用，「多卡通」的卡進不了台北

城。為了繼續保持這種不公平競爭，台北市政府遲遲不願意將悠遊卡升級，希望藉此卡死其他業者的卡。

今天台北市政府為了獲取悠遊卡的壟斷利益，不惜破壞全國「多卡通」的理想。交通部深知悠遊卡利用舊系統來進行壟斷，將使得台灣的電子票證發展倒退。因此交通部補助台北捷運系統裝設「多卡通」設備，並於2012年6月完成驗收。但台北市政府竟然將之閒置，至今仍不願啟用，實在令人不齒。

台北市政府是否應該放棄悠遊卡不公平競爭的優勢，放棄眼前的小利，迎接競爭？這是檢驗一位市長是否具有原則與前瞻眼光的試金石，也希望所有的候選人都能對此表態。
（原登於即時蘋論，2014年11月11日）

請悠遊卡公司回答以下問題

前日本人針對悠遊卡壟斷問題提出質疑，悠遊卡公司並未針對本人的質疑提出說明，反而說本人「污衊悠遊卡公司令人不齒」。因此提出以下問題就教該公司，希望該公司或台北市政府能正面回答，不要再迴避。

一、貴公司企圖將此議題導向為黨派之爭，或是選舉考量。但同為國民黨的胡志強市長，多次批評此不公平現象，交通部也發函北市督導北捷開放「多卡通」。故將此扯上政治考量，未免太牽強了。

二、貴公司暗指說，因為高雄捷運未開放悠遊卡使用，所以基於平等互惠精神，北捷不便開放「多卡通」，接受使用其他卡。但本人要問貴公司，全國各縣市公車業者與台鐵早就接受悠遊卡使用，但為何北捷還是拒不接受「多卡通」的卡。這不是占人便宜嗎？

三、交通部補助北捷二千八百萬元設置「多卡通」票證系統，已經閒置兩年，卻遲遲不願啟動。交通部甚至揚言追討回補助款，貴公司不用說明白嗎？

四、北捷又要求「多卡通」業者必須在捷運站中設立175座自動儲值機，並在每個捷運車站中提供人工加值服務，才願意接受「多卡通」。事實上「多卡通」已經可以在全國各地的便利商店儲值，北捷這項要求的實質效益不大，但

　　卻大幅增加「多卡通」業者的經營成本。明顯利用技術性障礙，增加對手經營成本，來達到壟斷的效果。

　　也許台北市政府從市長、捷運公司到悠遊卡公司，都還對自己的小聰明沾沾自喜。事實上這種壟斷事件，在一個進步的法治國家，涉案者可能還要坐牢。大家應該還記得，友達公司的幾位高級主管，因產品定價問題涉及壟斷，而被美國政府抓去坐牢。因此奉勸相關人員要有迎接競爭的心態，獨享壟斷利益不會被社會接受。（原登於即時蘋論，2014年11月13日）

捷運轉乘優惠不能廢

　　日前台北市政府傳出評估取消捷運轉乘優惠，本人期期以為不可。因為貿然取消此補助，北市的汽機車流量將大增，空氣品質與交通將面臨嚴重威脅。

　　捷運公司賀陳旦董事長說，這十幾年下來台北捷運轉乘優惠花了130多億元，這些資源未來考慮集中用於其他交通建設，以發揮更大效果。言下之意，補助大家搭乘大眾運輸，不如增加硬體交通建設。這種思維，反映出其「工程至上」的偏狹心態，十分不利一個完善城市交通規劃。

　　根據分析，台北市主要的空氣汙染來源之一是來自汽機車的排放。並且讓民眾捨大眾運輸，而騎乘機車的主要原因之一是大眾運輸的票價。雖然有人說票價已經低於成本，但還是高於騎機車的成本。因此票價的高低，對這些人選擇交通工具的敏感度是很高的。北市若貿然取消轉乘優惠，可預期將有許多人會捨大眾運輸，而改騎機車。屆時大眾運輸的運量下降，滿街的機車增加，不但對交通造成衝擊，對空氣品質更是一大傷害。

　　柯P就任市長後，多次強調使用者付費，上行下效，底下也就不分青紅皂白的蠻幹起來。事實上？使用者付費？只是政府在規劃規費時可參考的原則之一，但絕不能當最唯一的最高標準。綜觀世界各地的大眾運輸，幾乎都有政府補

助。原因很簡單，補助大眾運輸對紓解交通擁擠，改善空氣品質，是成本效益最高的投資。若忘了整體施政目標，跟民眾斤斤計較轉乘優惠，那真是只見秋毫，不見薪輿。（原登於即時蘋論，2015年02月03日）

老王舞劍，意在何方？

項莊舞劍，意在沛公，眾所皆知。那麼立法院長王金平在任前屆滿一個月，突然臨去秋波，高舉國會改革大旗。他到底打什麼算盤？有這麼急嗎？

有人說王金平因為國民黨總統選情低迷，因此他想利用立委選舉另闢戰場，並藉著高舉國會改革的大旗，提前進行其院長保衛戰。又有人說，老王國會改革的最終目標是蔡英文。因為朱立倫內憂外患不斷，已經無法主導任何選戰議題，因此老王利用國會改革的議題，來殺殺蔡英文的銳氣，也為國民黨留下一線生機。

事實上國會改革千頭萬緒，老王將國會調查權列為國會改革第一要務，其動機就令人玩味。國會調查權會增加國民黨立委選票嗎？應該不會，因此應與院長保衛戰無直接關係。但國會調查權將大幅增加國會議員的決策影響力，一旦國民黨失去政權，國會調查權將有助於國民黨立院黨團，成為國民黨的權力核心。

再加上老王以其國會資歷，擔任國民黨國會領袖順理成章。屆時老王競逐國民黨主席，也將是水到渠成。由於老王能主導議程的時間不多了，所以他必須急著推。

國會當然需要改革。但由於牽涉甚廣，因此只能分階段進行。若要在本屆任期交出成績，不妨就從民眾對立法院最

不滿的議事效率著手。首先刪除各黨團提案可無須經過連署的特權，再限制提出變更議程動議的次數，以及限制要求對法案內容進行朝野協商的次數。相信公道伯對這些建議應該不會反對才對。（原登於自由廣場，2015年12月9日）

第 *8* 篇

能源政策

永續的能源政策

壹、當前台灣能源挑戰的根源

現代人對能源的依賴程度，可能僅次於空氣。沒有能源不但寸步難行，可能連水都難以取得，更遑論進行其他經濟活動。但另一方面傳統能源從開採、冶煉、運輸到使用的過程或多或少都會製造汙染，因此不管是煉油廠、發電廠或是輸配電線，都成為「避鄰設施」。因此不管是核四爭議，或是部分縣市提出的「禁燒生煤」自治條例，根本原因就是台灣地狹人稠，能源對環境負荷的程度已經是全球第一（詳如表一）。

根據國際能源總署（IEA）的最新統計，台灣每平方公里土地上所消耗的各種能源，若依其能量換算成石油當量，每年大約消耗2908噸油當量。而日本只有1197，英國只有791，德國只有875，法國只有394。在電力消耗方面，台灣每平方公里消耗669.4萬度電，而日本只有261.6，英國只有142.9，德國只有239.4，法國只有75.3。

此外地球能源的儲藏是有限的，不可能取之不盡，用之不竭，特別是台灣能源幾乎都仰賴進口。因此必須有一套完整的永續能源政策，包括提高能源使用效率、發展潔淨再生能源與健全能源政策。讓每一分能源都能發揮其最大效用，儘可能降低其環境衝擊，才能穩定提供台灣不管是產業或是

民生所需的動力。

表一、主要國家環境負荷比較（2012資料）

國家	總初級能源供給(TPES) (Mtoe)	人均總初級能源供給 (toe/capita)	總電力使用 (TWh)	人均電力使用 kWh/capita	噸油當量/平方公里	萬度電/平方公里
奧地利	33.11	3.93	71.72	8511	394	85.4
比利時	55.95	5.06	88.88	8040	1865	296.3
丹麥	17.34	3.1	33.77	6040	403	78.5
荷蘭	78.58	4.69	115.13	6872	1871	274.1
德國	312.53	3.82	584.71	7138	875	239.4
英國	192.23	3.02	347.3	5452	791	142.9
法國	252.33	3.86	482.05	7367	394	75.3
美國	2140.62	6.81	4069.06	12947	222	42.3
台灣	104.68	4.47	240.98	10283	2908	669.4
韓國	263.44	5.27	517.33	10346	2634	517.3
日本	452.28	3.55	988.92	7753	1197	261.6

TPES：Total Primary Energy Supply；Mtoe：百萬噸油當量；TWh：1000百萬度
陳鴻達整理自2014 Key World Energy Statistics；CIA world fact book

貳、不能迴避的能源問題

一、大批效率低落的老舊火力發電廠

過去台電在電源開發上過度期待與仰賴核四廠，因此較無心於老舊火力發電廠的汰新。這些老舊電廠的年齡讓國人大吃一驚，低效率也讓自詡早已邁入已開發國家的台灣不好意思。截至2014年中，台電現役火力發電機組中，有16部使

用時間超過30年，總裝置容量662.5萬瓩。（詳如表二）以林口與大林電廠為例，使用時間甚至快達半世紀。由於火力發電機一開機使用後，效率便開始下降，並隨著使用時間而惡化。這也是為什麼台電火力發電廠的效率與世界各國相比有一段落差，相同燃料投入，發出來的電卻比別人少。

表二：台電現役30年以上老舊電廠一覽表

電廠名稱	發電機裝置容量	商轉日期
林口電廠一號機	30萬瓩	民國57年7月（103年9月除役）
林口電廠二號機	30萬瓩	民國61年3月（103年9月除役）
大林電廠三號機	37.5萬瓩	民國61年12月
大林電廠四號機	37.5萬瓩	民國62年10月
大林電廠五號機	50萬瓩	民國64年10月
協和電廠一號機	50萬瓩	民國66年1月
協和電廠二號機	50萬瓩	民國66年12月
協和電廠三號機	50萬瓩	民國69年3月
協和電廠四號機	50萬瓩	民國74年8月
興達電廠一號機	50萬瓩	民國71年9月
興達電廠二號機	50萬瓩	民國72年12月
興達電廠三號機	50萬瓩	民國74年6月
興達電廠四號機	50萬瓩	民國75年4月
通霄電廠號複一號機	25.8萬瓩	民國72年3月
通霄電廠號複二號機	25.8萬瓩	民國74年3月
通霄電廠號複三號機	25.8萬瓩	民國75年3月

資料來源：台電網站

目前台電火力發電廠的機組，大致上可區分為燃煤機組、燃油機組與燃氣機組，其平均熱效率分別為35.7%、31.9%與43.9%。不但遠低於全球效率最佳的國家，甚至還在全球平均數之下。（詳見表三）再以個別機組為例，目前台電效率最高的是大潭天然氣複循環機組，其熱效率為49.7%。但此類複循環機組，國際最新機型的效率已經超過60%，平均值也有51.7%。

表三：台電火力發電廠效率與全球比較

	燃煤電廠	燃油電廠	燃氣電廠
全球平均效率	35%	40%	48%
效率最佳國家的平均	法國43.2%	南韓45.8%	英國53.2%
台電平均效率	35.7%	31.9%	43.9%

資料來源：1.能源統計手冊102年；2. International comparison of fossil power efficiency and CO2 intensity － update 2014, ECOFYS

二、工業廢熱再利用率低

台灣工業使用過半以上的能源，同時也排放大量廢熱。根據能源局計畫的估計，國內主要金屬、化工、紡織、陶玻、焚化爐、發電廠等產業所排放之殘餘熱能，約佔其使用總能源的30~50%。每年換算成電力單位高達900多億度以上，超過台電公司年發電量40%以上（能源局，2014）。目前國際上已經有許多成熟的技術，可將這些廢熱用於發電或致製造冷氣，並且投資能夠快速回收，可是在台灣的利用率卻偏低。這些廢熱若不能妥善運用，不僅浪費能源，且對環境造

成衝擊。

目前能源管理法第10條規定：能源用戶生產蒸汽達中央主管機關規定數量者，應裝設汽電共生設備。因此能源局發出公告規定：蒸汽產量大於100 ton/hr 者，應裝設汽電共生設備。但目前小型的商業化汽電共生機組，或稱為能量回收機（Energy Conservation Turbine），蒸汽產量 3 ton/hr 就可以推動。（環發會，2011）因此未來應降低必須設置汽電共生設備的門檻，強制擴大設置汽電共生設備，提升廢熱的再利用率。

三、民生用電有極大改善空間

以台灣用電最大宗的空調用電為例，只要使用隔熱玻璃，隔絕紅外光但增加可見光進入，將可減少空調用電約1~3成。再以照明為例， 目前國內照明器具之平均發光效率約為50Lm/W，老舊高耗能光源與燈具之用量仍可觀。因此台灣平均每平方公尺的用電密度約28瓦，遠高於紐西蘭、澳洲、日本等國12~20瓦，顯示台灣照明效率仍有極大改善空間。以國內之技術水準，整體效率提升20%，用電相對減少20%並非難事（能源局，2014）。

四、能源價格被扭曲

過去台灣對工業用電的補貼常招批評，監察院在102年6月對此也提出糾正（監察院，2013）。該報告中指出，台灣工業部門用電比重高達8成，平均每度電價格僅2.36元，為全

球第四低。因此全國五大製造業每年享有電費補助金額高達398億元，也是之前台電虧損的主因之一。

　　目前補貼工業用電最不合理的地方是，離峰電價過於便宜，甚至每度電只要1.56元，約只有尖峰用電的五分之一。對於離峰與尖峰用電收取差別電價原本是合理且必要的，但因為離峰電價過於便宜，且未有累進電價機制，在缺乏節能誘因下，用電大戶耗電情形居高不下，使得離峰變成小尖峰，台電必需啟動高成本燃氣機組來供應業者的需求。這已經失去離峰優惠電價的原始目的，也是業者遲遲不積極進行節能的主因，應趁此時機進行修正。

　　此外面對要求課徵碳稅的呼聲，馬政府則巧妙地加以分化。馬政府說，碳稅或能源稅因為是「稅」，所以由財政部主政，而排放交易則由環保署主導。事實證明，財政部根本不懂碳稅的目的，也缺乏推動的誘因。雖然立法院中已經有立委提出「能源稅條例」多時，但卻因為立法慣例上必須等行政院版送進立法院後，再併案審查，因此在立法院迄今還未開始討論。

　　至於排放交易，前環保署長沈世宏有強烈意願推動。然而排放交易若要健全發展，首先就必須設定台灣溫室氣體排放的目標。有了目標之後，才知道有多少排放權可以分配各產業，甚至是個別企業。在種種原因下，政府一直無法設定具有法律約束性的國家溫室氣體排放目標。在此情形下，排放交易可說是刻舟求劍。

例如台電等「大煙囪」的排放持續增加，但在沈世宏推動的「半吊子排放交易」，環保署卻已經發給他們上百萬噸的減項額度。還未實質減量，就給減量獎勵，實在是一大諷刺。此外環保署在排放交易制度還未運作前，就開始大量「印鈔票」──發放減量額度。未來這些減量額度一定發生超級通貨膨脹，整個排放交易制度也將隨之崩潰。（陳鴻達，2014）

五、能源體系缺乏競爭機制

能源在台灣大致上是特許與獨佔的事業，因為缺乏競爭機制，因此效率就經常為人所詬病。並且由於其掌握所有資源與資訊，形成封閉的利益共同體，外界更是難以有效監督。因此每次全國能源會議，能源自由化的議題一定被提出，但相關阻力也隨之而來。

馬政府執政期間，台電爆發嚴重虧損，對於各界指責，台電表示每年光是天然氣採購，就被中油賺走上百億元，因此要求自行進口天然氣。對於此問題，馬政府不在法律本質上釐清台電可否自行進口天然氣，但在此社會氛圍下，開放台電可競爭北部第三座天然氣接收站興建計畫。但評選決果由中油得標，卻留下一個附帶決議要求未來中油只能賺台電3%的代操作費用。

至於電業法關於電業自由化的改革，馬政府終於在2015年七月送立法院審查。內容包括：電業及電力網業分離，並

開放發電業及售電業申設；成立電力調度中心統籌執行電力調度；另由行政院指定電業管制機關管理與監督電力市場及確保用戶用電權益；並明定電價訂定程序。

此版本已具電業自由化架構，惟若干問題尚待釐清。例如各種發電成本差異甚大，各發電業者可自行售電給各用電大戶。那麼燃煤電廠因為成本低，等於享有超額利潤，而搶到這些電的用電大戶也享有廉價優惠。同樣的發電成本高的綠電，屆時可能都由一般用戶承擔，有失公平性。

六、綠能發展目標與策略須檢討

現行再生能源發展條例規定：再生能源發電設備獎勵總量為總裝置容量650萬瓩至1000萬瓩。如此自我設限，實不足取，特別是目前再生能源發電設備的裝置容量已經接近500萬瓩。因此應儘速擬定新的再生能源發展目標與策略，並將之法制化，否則新聞稿中揭櫫的再生能源目標都是空話。

2015年6月馬政府再次調高2030年的再生能源目標，其中太陽能光電裝置容量從6.2GW調高為8.7GW，離岸風力發電裝置容量從3GW調高為4GW，並使得再生能源的總裝置容量從13.75GW調高為17.25GW（詳如表四）。以目前的成果，顯然還須加倍努力才能達成預期目標。

表四、台灣再生能源裝置容量現況與目標

	2015年8月底累計完成	國民黨2030年目標	民進黨2025年目標
太陽能光電	0.70GW	8.7GW	13GW
陸域風力發電	0.64GW	1.2GW	1.2GW
離岸風力發電	0	4GW	3.1GW
生質能	0.11GW	0.95GW	1.4GW
水力	2.08GW	2.2GW	2.5GW
地熱能	0.001GW	0.2GW	0.6GW
總計	4.17GW（百萬瓩）	17.25GW	21.8GW

資料來源：能源統計月報、經濟部能源局2015年5月27日新聞稿
新境界新能源政策簡報2015年03月11日

此外由於目前風力品質較佳，適合設置風力發電機的場址，都已經被預訂光了。因此還想參與的業者，希望政府能開放風力品質較差的場址。這些效率較低的風力發電是否值得投資？此外目前太陽能光電的獎勵是採競標方式，由於陽光品質較佳的地區，每單位面積可以發較多的電，進而可以用更有競爭力的價格來競標。這原本是好的制度，可讓最少的投入產生最多的再生能源電力，但北部國民黨執政縣市卻認為對其不公平，要求採「分區競標」，或是對於北部地區的收購價格給予加成。

能源局原本考量將南電北送的5%線路損失率，做為北部加成的理由，這樣爭議也比較小。但業者要求應以南北日照率差異作考量，因為北部日照較南部少約12.5%，所以後來北部加成從5%提高到12.5%，且納入苗栗。政治力如此介入，

影響資源做最有效率的配置，值得檢討。

參、解決對策與配套

一、加速汰換老舊電廠與智慧電網的建置

加速將老舊機組汰換成天然氣複循環機組，或是超超臨界的燃煤機組，除可減少未來歲修時間，供電亦將更穩定，而溫室氣體的排放亦將大幅降低。特別是現在核四停掉後，台電更應加把勁汰換這些老舊機組了。

智慧電網除可提高供電穩定性，減少輸配電線損，降低尖峰負載，提高再生能源併網占比，是一項重大的基礎建設。惟馬政府在2011年8月成立「智慧電網總體規畫小組」以來，整個工作的推動都放在硬體的建設上。該計畫預計在20年內投入1399億元，因此多次傳聞若干政商關係雄厚的人馬，競相爭逐此大餅。

以其中智慧電表的安裝為例，行政部門竟未制定出「智慧電表通訊介面標準」，任由大同、中興電、康舒、台哥大與中華電等業者各自為政，以至於介面不一，徒增整合困難，以至於安裝進程嚴重落後。經濟部標準局遲至2015年底才會制定出統一標準，改善介面整合問題。（聯合晚報，2015）

原訂2016年計畫要裝10萬戶智慧電錶，將延至2020年。另由於整個計畫極少觸及到相關軟體制度的配套，因此即使完成他們所謂的「智慧電網總體規劃方案」，效果恐怕也十分

有限。

例如前述方案完全迴避未來電業自由化的相關配套，對於未來「發電業」、「售電業」、「綜合電業」、「輸電業」及「配電業」等之間的關係，也都未著墨。未來軟硬體若不能搭配，成效將大打折扣。再如整個方案對於「即時電價」只稍微提一下，並且規劃在2021年以後實施，這恐怕難以符合眾人的期待。因為藉由「即時電價」，可以反映尖峰、離峰不同時間的供電成本。經由不同時間的差別電價，進而降低電力公司的尖峰負載。如此即可達到消費者減少電費支，與電力公司降低供電成本出的雙贏局面。

二、把節約能源當作第五種能源

最近經濟部為了宣導能源政策，做了一支面試各種能源的廣告片。片中以四個求職者的特質，來表示風力、太陽能、火力與核能發電的優缺點。該片強調沒有十全十美的能源，能源政策一定是有妥協的組合。事實上經濟部忘了，還有「第五種能源（the fifth energy）」，更值得台灣開發。

所謂的「第五種能源」就是提升能源效率，節約能源。就如俗諺說的：「節約一分錢，就是賺一分錢。」因此節約一分能源，其效果等於開發一分能源，並且其所需投資成本可能更為低廉。因此歐美都將提升能源效率與節約能源，視為是最便宜、最值得投資的「隱形能源」。

根據「美國能源效率經濟委員會（American Council for Energy-Efficiency Economy）」的評估，每度電的售價是美金一

角，但平均節約一度電的成本約2.8分錢（Economist，2015）。對於這種「利大於弊的節能」，能源經濟學上稱之為「無悔措施」。也就是說絕對划算，不會讓您後悔。

而具體的節能項目，在住商方面，可藉由綠建材、提高冷凍空調效率與LED照明，減少電力使用。在工業方面可藉由提高馬達效率、馬達系統最佳化與工業廢熱回收並轉換為電力等等，都有極大的節能空間。

三、加強工業廢熱回收

目前台灣低溫熱回收主要作為預熱或乾燥用途，若能將低溫廢熱轉換成為電力，如「有機朗肯循環（Organic Rankine Cycle, ORC）」技術，將有助於紓解電力供應問題。然國內在該技尚未具備價格和技術競爭力，必須仰賴進口，並且缺乏後勤維修服務能力，因此國內業者多存觀望態度。（能源局，2014）根據國外經驗，此類投資的回收期只有兩三年，效益及高，因此政府應將此視為重點項目，積極獎勵研發，並大力推廣。

四、發展汽電冷三生之區域能源系統

為了使燃燒燃料產生的能源，無論是轉換為電力或熱能，皆能全數有效的利用，因此許多國家皆積極推廣「區域冷暖房系統（District Heating & Cooling System, DHC）」，並獲得不錯成效。其主要做法是把火力發電或鍋爐的廢熱，用於製造暖氣熱水，或是用吸收式冰水機組進行製冷供冷，以供大

區域的利用。這套構想不管是在寒帶的丹麥哥本哈根、日本或是熱帶的新加坡，都有不錯的成效。（環發會，2011）

日本更於昭和47（1972）年制定「熱供給事業法」，將區域冷暖房系統（含空調所需之冰水、熱水與蒸汽等）與電力、瓦斯事業一齊納入公共利益事業來管理，讓冰水、熱水與蒸氣之供應成為一種新行業。東京都更於1991 年4 月的「地域暖冷房設施推動指導綱要」，規定新建築物面積超過10,000 平方米（原訂20,000 平方米）者，大樓之空調必需採用區域冷暖房系統來供應。並給予建築容積獎勵，以及提供低利融資與優惠的稅制等獎勵措施。（環發會，2011）

根據統計日本在2011年以前，有超過1321棟大樓的冷熱空調與熱水是由DHC所供應。（IEA，2013）所帶來的效益除了提升整體的能源使用效率外，也因沒有空調室外機或冷卻水塔到處林立，都市景觀大幅改善。

DHC在台灣遲遲無法展開，主要的障礙是電價過低，使得需求不是那麼迫切，另外是DHC需要若干管線配合。因此宜參考東京都作法，在建築法規中要求未來有大規模商業大樓、會展中心、旅館、科工區、機場以及新市鎮開發時，應該要求開發業者配置DHC。除了提升整體能源使用效率，並且有助於從目前集中式電源，往分散式電源發展。

五、均衡的能源發展策略

由於各種再生能源各有其長處與侷限，因此應有一套合

理的搭配，才能構成一套完善的能源供應網。此外由於資源有限，因此在推展再生能與節約能源時一定要有成本效益觀念。減碳成本較低或是發電效益較高的項目應該優先投資，以利有限資源做最有效運用。從下表可知目前馬政府對於節能的投資顯然不足。

表五：各類能源發電成本　　　　　　（單位：新台幣/度）

傳統發電			再生能源					
	2014躉購費率	2025		2015躉購費率	2015		2015躉購費率	2015
燃煤	1.26	1.80	陸域風力	2.72	2.94	水力發電	2.63	1.17
燃氣	3.80	4.18	離岸風力	5.74	5.87	淺層地熱	4.93	3.09
燃油	6.28	6.94	屋頂型太陽光電	6.86	4.65	廢棄物發電	2.82	5.97
核能	0.96	1.98	地面型太陽光電	4.88	4.05	生質物發電	3.38	9.29

資料來源：能源局以「臺灣2050能源供需情境模擬器」估算

表六：各類技術節電成本　　　　　　（單位：新台幣/度）

節能技術	2025	節能技術	2025
住宅空調效率提升	3.82	服務業空調效率提升	1.56
導入LED燈管_住宅	0.20	導入LED燈泡_服務業	0.47
導入LED燈泡_住宅	0.24	能源管理系統-服務業節能	0.78
能源管理系統-住宅節能	2.31	電子業製程	9.30

資料來源：能源局以「臺灣2050能源供需情境模擬器」估算

表七：再生能源、新能源與節能預算比較　（單位千元）

	104年預算	103年決算	102年決算	101年決算
再生能源研發	314,000	280,144	346,100	411,500
再生能源推廣	4,316,000	2,271,195	1,496,859	798,009
新能源研發	270,000	296,764	281,022	368,627
新能源推廣補助	70,000	53,672	74,351	102,082
節能研發	534,000	460,423	546,406	496,069
節能推廣	170,751	85,595	299,936	118,388
節能推廣	0	0	178,100	2,086,051
合　計	5,674,751	3,447,793	3,222,774	4,380,726

資料來源：經濟部能源局

　　馬政府推廣綠能的另一項缺失是，輕生質能與水力。以畜牧業養殖為例，其廢棄物所排放的沼氣是一種比二氧化碳還強25倍的溫室氣體。但把它收集起來，去除雜質後，它就變成天然氣，可用於發電。據估計一個一萬頭豬隻的養殖場，每年可發54.7萬度的電。可惜能源局的收購價格偏低（原每度2.6元，去年調高至3.2元），在誘因不足的情形下，這些畜牧業廢棄物往往成為環境沉重的負擔。此外目前民眾已經養成廚餘回收的習慣，惟各地清潔隊回收後在做堆肥時產生惡臭，遭到附近居民抗議。事實上若採厭氧發酵蒐集沼氣當作能源，當能同時解決環境衛生與產生再生能源，一舉兩得。

　　另由於水力發電只要一放水便可發電，不像核能與火

力發電需要長時間熱機，因此適合緊急調度或供尖峰時間用電。雖然水力發電的價值很高，但台電的收購價格卻嚴重偏低，以民國103年為例每度只有1.78元。但同時間台電向民營天然氣發電廠每度購電價格為4.56元，而台電自己的燃油發電成本更高達6.63元。在此情形下，擁有水力發電潛力者便不會積極開發。而水力發電在整個供電結構中的角色被輕忽，就無法發揮其特色。

六、還原能源真實成本

　　前幾年能源價格高漲，使得不管是再生能源或是投資提升能源效率，都顯得非常有吸引力，因為這些投資更容易回本。現在能源價格進入谷底，這些節能的投資回收年限將增加，那政府要如何「化阻力為助力」呢？事實上目前正是政府檢討取消或減少能源價格補貼的最佳時機。因為在能源價格高漲時，若要減少能源價格補貼，對業者的衝擊大，政治可行性較低。但在能源價格進入谷底的現在，相信阻力會小的多。

　　此外對於運用經濟工具來解決全球暖化，不論是「課徵碳稅」，或是實施「排放交易」，在各國已累積不少的實踐經驗。台灣的學界或環保團體，已早就多次要求政府課徵碳稅或能源稅。事實上碳稅與排放交易，各有各的功能與適用對象，應該統籌由同一個單位規劃實施，才能收相互配合之效。絕不能像政府這樣，硬把碳稅與排放交易切開給不同的

部門主政。此外，台灣現在若要實施排放交易，條件上可能尚未成熟。因此開徵碳稅，應該才是當務之急。

並且由於化石燃料使用與石化產品煉製過程中，皆會對周遭環境與民眾健康造成衝擊，但由於台灣能源相關稅賦偏低，使得其所造成的外部成本無法內部化，造成社會福利的淨損失（dead weight loss）。這等於鼓勵耗能產業之發展，並減少節能減碳之誘因。因此應儘速藉由能源稅的課徵，一方面將其外部成本內部化，使得社會資源做更有效率的配置，甚至發揮雙重紅利的效果。

並且未來電業自由化後，發電業可自行售電給用電者，或是售電業者，那麼發電成本「最低」的燃煤電廠將獲得暴利。因此必須對火力發電廠課與碳稅，讓電廠依其碳排放量繳交碳稅，承擔其真實的社會成本，這才符合公平正義。

七、合宜的電業自由化

台灣的電業可說是受到重重的管制，以至於在供給上我們不能有一個多元的電力來源，而消費者也無從選擇電力來源。在缺乏競爭機制下，不僅整個電業的效率為人所詬病，更妨害未來更有效率的電力供應出現。

例如「區域冷暖房系統（District Heating & Cooling System, DHC）」不僅能提高能源總使用效率，還能降低對集中電網的依賴。這種分散型電源設計是未來應提倡的方向，然而目前的電業法卻不允許他發生。

再如日前傳出台積電有意自行設立電廠供其廠辦使用，但依目前電業法規定，台積電若有剩餘電力不能售給其他業者，也不能請台電代為輸給其他地區的台積電廠辦使用。後來台積電打消設立電廠的構想，極可能就是因為僵化的電業法規。

對於未來電業自由化如何修法？建議採「問題取向」，先釐清要解決什麼問題，避免陷入「完全自由化」的迷思。目前有些電業自由化的版本，將整個產業分割成「發電業」、「電網業」、「電力交易所」、「電力調度中心」與「售電業」，再設立一個「電力管制機構」。未來在推動電業自由化的過程，應避整個產業切割過於零碎，以至於難以追究整個供電體系的責任問題。

八、完成「再生能源發電配額制（renewable portfolio standards）」立法

目前再生能源電力都是賣給台電，未來台電被切割後，那麼該由誰來收購這些電力呢？建議可參考美國各州的「再生能源發電配額制（renewable portfolio standards）」，要求每個售電業者，其售出的電中，都必須有一定比例來自再生能源。這個比例必須逐年調高，並與國家的再生能源目標相呼應。當每個售電業者都達成其再生能源配額時，整個國家自然就能達成其再生能源目標。

　　此外當某售電者的再生電力超過配額要求時，可獲得額外的「可交易綠色權證（Tradable Green Certificate）」，並可售給再生電力不足的售電業者，以讓這些業者滿足配額制的規定。在此機制下，不但能讓各業者以最低成本的方式，以自行發電或是對外收購再生電力，來達成其法定義務，更能確保國家再生能源目標的如期達成。過去經常有再生能源業者抱怨，台電對於他們的發電申請配合度不佳。未來若對各售電業者有再生能源比例的要求，那麼馬上主客易位。售電業者一定急著找再生能源，屆時各種再生能源發電必然出現百花爭鳴的情況。

肆、結語

　　日前華爾街日報發表「台灣選擇脆弱」一文，對台灣當前的能源政策做了許多檢討。該文章認為台灣企圖以再生能源來取代核能，將嚴重損及台灣能源穩定供應的能力，並增加台灣的能源成本。但我們不能竭池而魚，為滿足當代人的需求，而犧牲未來子孫的權益。台灣若能推動一系列正確的替代方案，那反而能加速台灣脫胎換骨，提高競爭力。並且而這些工作所帶動相關產業的發展，不但有助於國家競爭力的提升，促進環境保護，還能創造可觀的優質工作機會。

參考文獻：

1. ECOFYS （2014）。International comparison of fossil power efficiency and CO2 intensity – update

2. Economist （2015）。Special report: energy and technology, Jan17-23, 2015

3. IEA （2013）。CHP/DHC Country Scorecard: Japan

4. IEA（2014）。2014 Key World Energy Statistics

4. 財團法人環境資源研究發展基金會（2011）。建置電廠區域熱冷供應系統策略規劃。

5. 陳鴻達（2014）。一兼二顧，開徵碳稅莫遲疑，天下獨立評論，2014年11月9日。

6. 經濟部能源局（2013）。能源統計手冊102年。

7. 經濟部能源局（2014）。能源產業技術白皮書。

8. 經濟部能源局（2015）。全國能源會議簡報。

9. 經濟部能源局（2015）。能源局2015年5月27日新聞稿。

10. 經濟部能源局（2015）。能源統計月報104年9月。

11. 監察院新聞稿（2013）。全民補貼工業用電不合理，監委洪昭男、程仁宏、楊美鈴要求經濟部及台電公司檢討，102 年 6 月 5 日。

12. 新境界基金會（2015）。新境界新能源政策簡報，2015年03月11日。

13. 聯合晚報（2015）。智慧電錶10萬戶裝機再延，2015年11月6日。

被「臉書」看上的尷尬

　　昨日新聞傳出「臉書」繼「谷歌」之後，計畫在彰化設置資料中心。雖然近來台灣投資不振，但聽到這個國際大公司想來投資，卻一點也高興不起來。大家心知肚明，臉書與谷歌看上台灣的是廉價的水電，剛好也是台灣最短缺的。特別是彰雲地區PM2.5空污與地層下陷是全國最嚴重的地區，對於臉書這個投資計劃，執政者要飢不擇食，撿到籃子的就是菜嗎？

　　臉書為服務遠東地區大量的用戶，因此想在此地區設置資料中心。若設在中國，恐有資安疑慮。若設在日韓，水電成本太高。若設在菲律賓越南，供電穩定度有疑慮。因此選在台灣，這個理由真讓我們哭笑不得。另行政院打算引用雲林湖山水庫的水，越過濁水溪來給臉書用，更是短視的令人臉紅。

　　事實上不管是谷歌，還是蘋果或臉書的資料中心，都是用電大戶，早已被國際環保團體盯上。據統計臉書用電量逐年跳升，2011年消耗532百萬度，2012年消耗704百萬度，2013年消耗822百萬度。所以國際環保團體要求這些用電大戶，必須提高使用再生能源的比例，以減少其碳足跡。

　　因此政府應順勢要求這些資料中心，使用一定比例的再生能源與再生水（汙水回收處理後再利用）。但問題來了，

目前的電力法規定，不管是風力發電或是太陽能發電的業者都不能直接售電給這些資料中心，只能賣給台電。雖然台電也有「綠電」供業者或民眾選購，但缺乏第三方公正團體的認證，因此谷歌或臉書即使買了，也無法向國際環保團體交代。

所以應該儘速修改電業法，讓這些再生能源業者可直接將其原汁原味的綠電賣給這些國際大廠，如此不但可加速台灣再生能源的推廣，也可讓這些企業履行其社會責任。不用擔心增加這些國際大廠的負擔，因為承擔應負的環境責任與成本，可為其帶來正面的企業形象。反之則帶來掠奪環境的惡名，而遭消費者抵制。

台灣應把握這個契機進行能源政策轉型，化尷尬為推動再生能源的動力，否則臉書與台灣將是一個錯誤的結合。

（與李應元合著，原登於蘋果即時蘋論，2015年12月03日）

一兼二顧，開徵碳稅莫遲疑

2013年諾貝爾經濟學獎得主韓森教授日前來台出席經濟高峰會中表示，為兼顧經濟發展與因應全球氣候變遷，應課徵碳稅，並獲得中研院院士劉遵義等人的呼應。事實上對於運用經濟工具來解決全球暖化，不論是「課徵碳稅」，或是實施「排放交易」，在各國已累積不少的實踐經驗。台灣的學界或環保團體，已早就多次要求政府課徵碳稅或能源稅。

台灣目前走錯方向

面對這種呼聲，政府巧妙地加以分化。政府說，碳稅或能源稅因為是「稅」，所以由財政部主政，而排放交易則由環保署主導。事實證明，財政部根本不懂碳稅的目的，也缺乏推動的誘因。雖然立法院中已經有立委提出「能源稅條例」多時，但卻因為立法慣例上必須等行政院版送進立法院後，再併案審查，因此在立法院迄今還未開始討論。

至於排放交易，前環保署長沈世宏有強烈意願推動。然而排放交易若要健全發展，首先就必須設定台灣溫室氣體排放的目標。有了目標之後，才知道有多少排放權可以分配各產業，甚至是個別企業。在種種原因下，政府一直無法設定具有法律約束性的國家溫室氣體排放目標。在此情形下，排放交易可說是刻舟求劍。

　　例如台電等「大煙囪」的排放持續增加，但在沈世宏推動的「半吊子排放交易」，環保署卻已經發給他們上百萬噸的減項額度。還未實質減量，就給減量獎勵，實在是一大諷刺。此外環保署在排放交易制度還未運作前，就開始大量「印鈔票」——發放減量額度。未來這些減量額度一定發生超級通貨膨脹，整個排放交易制度也將隨之崩潰。

開徵碳稅，創造雙贏

　　事實上碳稅與排放交易，各有各的功能與適用對象，應該統籌由同一個單位規劃實施，才能收相互配合之效。絕不能像政府這樣，硬把碳稅與排放交易切開給不同的部門主政。此外，台灣現在若要實施排放交易，條件上可能尚未成熟。因此開徵碳稅，應該才是當務之急。

　　並且由於化石燃料使用與石化產品煉製過程中，皆會對周遭環境與民眾健康造成衝擊，但由於台灣能源相關稅賦偏低，使得其所造成的外部成本無法內部化，造成社會福利的淨損失（dead weight loss）。這等於鼓勵耗能產業之發展，並減少節能減碳之誘因。因此應儘速藉由能源稅的課徵，一方面將其外部成本內部化，另將此稅收用於挹注全民健保與長期照護經費，使得社會資源做更有效率的配置。

結語

　　未來碳稅收入，應由中央與地方政府均分。並限定中央政府必須於全民健保與長期照護支出，以發揮雙重紅利

效果。另鑑於這些排碳大煙囪，對附近環境與居民的衝擊甚大，因此碳稅收入亦應回饋當地政府，以供用於環境保護與民眾健康維護等相關善後支出。歐洲過去的實證經驗顯示，實施碳稅能產生前述的「雙重紅利」效果，並稱此租稅調整為「綠色租稅改革」。開徵碳稅，台灣實在沒有理由再拖了。（原登於天下獨立評論，2014年11月9日）

電力吃緊的根本原因

　　日前由於台電協和電廠等發生故障停機，使得台灣幾乎面臨限電的危機。台電表示造成此困境的原因是氣候炎熱，造成用電量大增，以及發電效率低等因素。事實上最根本的原因是近七年來國內未增加任何新的發電廠，電力供應面臨青黃不接的困境，以至於大批效率低落的老舊電廠，硬著頭皮繼續使用。

　　目前台電現役火力發電機組中，有16部使用時間超過30年，總裝置容量662.5萬瓩。以林口與大林電廠為例，使用時間甚至快達半世紀，而日前故障的協和一號機也將近40年。

近七年無新增機組商轉

　　事實上這些電廠的老化問題並非一夕之寒，而是馬政府一路心不在焉的結果。例如近十年來台灣增加了8部發電機組，其中6部是在民進黨執政時期加入商轉，另外2部是在民進黨執政時動工，馬政府上台初期加入商轉。從此之後，將近七年的時間，台灣未增加新的火力發電機組。

應以節能作為「第五種能源」

　　前一陣子經濟部為了宣導能源政策，做了一支面試各種能源的廣告片。片中以四個求職者的特質，來表示風力、太陽能、火力與核能發電的優缺點。該片強調沒有十全十美的

能源，能源政策一定是有妥協的組合。事實上經濟部忘了，還有「第五種能源（the fifth energy）」，更值得台灣開發。

所謂的「第五種能源」就是提升能源效率，節約能源。就如俗諺說的：「節約一分錢，就是賺一分錢。」因此節約一分能源，其效果等於開發一分能源，並且其所需投資成本可能更為低廉。因此歐美都將提升能源效率與節約能源，視為是最便宜、最值得投資的「隱形能源」。

而具體的節能項目，在住商方面，可藉由綠建材、提高冷凍空調效率與LED照明，減少電力使用。在工業方面可藉由提高馬達效率、馬達系統最佳化與工業廢熱回收並轉換為電力等等，都有極大的節能空間。

這些年來不管是有形或「隱形能源」的開發，政府都有極大的改善空間，這也就是今日電力供應危機的最根本原因。（原登於即時蘋論，2015年07月03日）

翡翠水庫專管，應加裝水力發電機

　　報載柯「省長」曾對翡翠水庫專管一案表示猶豫，擔心未來使用的機率若很低，那麼這個二、三十億元的建設投資是否太不划算。柯「省長」對預算錙銖必較的精神值得嘉獎，但陷入見樹不見林的窘境。事實上未來翡翠水庫的放水若都經由此轉管排到下游的淨水場，不但可確保供水品質，若在下游加裝水力發電機還可增加售電收入，穩賺不賠。

　　水力發電的優點太多了，例如發電機的成本大概只有火力發電機的零頭，不用從國外進口燃料，不會排放二氧化碳，維修成本低，使用年限長，能迅速提供尖峰用電的需求。因此與太陽能與風力發電相比，這絕對是最「綠」的再生能源，任何可利用的機會都不應放過。

　　目前翡翠水庫大壩邊也有水力發電機，在去年總共發了2.12億度的電，並獲得3.7億元的收入。由於目前電業法規定所有的發電只能賣給台電，因此這個售價嚴重偏低。未來電力自由化後，可以自由找買主後，絕對可以賣更好的價格。

　　據報載，北市府目前想爭取中央補助翡翠供水專管的預算，但筆者認為北市府可能會因小失大。因為若由中央買單，中央可順勢將此據為其資產，日後水力發電的收入自然歸中央所有。可能不到十年，中央便可回收全部成本，未來還有源源不斷的收入。更何況這二、三十億元的預算北市應該出得起，不用為此因小失大。（原登於即時蘋論，2015年09月29日）

石門水庫為何不在颱風前洩洪

颱風期間柯P公開抱怨說，石門水庫在蘇迪勒颱風帶來大量降雨後才洩洪，造成大漢溪與淡水河防洪很大壓力，為何不在颱風來襲前就先洩洪？水利單位聽到後只淡淡地說，萬一颱風沒帶來豐沛雨量時怎麼辦。事實上水利單位這個說詞只是決策考量因素之一，最根本原因是台電對於水力發電的購電價格過低。

目前國內各大水庫的水力發電廠屬於水利單位的財產（除翡翠水庫屬台北市政府），但委由台電代為操作，所產生電力也全數售給台電。由於水力發電只要一放水便可發電，不像核能與火力發電需要長時間熱機，因此適合緊急調度或供尖峰時間用電。雖然水力發電的價值很高，但台電的收購價格卻嚴重偏低，以民國103年為例每度只有1.78元。但同時間台電向民營天然氣發電廠每度購電價格為4.56元，而台電自己的燃油發電成本更高達6.63元。

由於收購價格偏低，因此水庫操作者在颱風來襲前滿腦子擔心的是，萬一水放掉了卻沒下雨怎麼辦。但假如水力發電的價格加倍，水庫操作者便會思考如何將這珍貴的水資源創造最大價值，在颱風前幾天便有較大的誘因放水。因為即使雨量不如預期，至少放掉的水可以發電增加收入。

在缺水的陰影下，水庫啟動水力發電的時間大概只有每

日正午用電尖峰時間。而這次蘇迪勒颱風可說是最不好的結局。因為大雨期間水庫緊急洩洪的水，不但無法用於水力發電，還加重河流防洪壓力。試問為何石門水庫不在颱風來襲前幾天延長水力發電時間？是不是因為長期偏低的水力發電電價，讓水庫操作者不會思考如何將這珍貴的水資源創造最大價值。（原登於即時蘋論，2015年08月10日）

美中溫室氣體減量協議喊假的

日前美國總統歐巴馬與中國國家主席習近平在北京APEC會議期間，宣布達成「歷史性」的溫室氣體減量協議。雖然媒體大幅報導，但具體的減量成果在哪裡？對緩和氣候變遷有幫助嗎？各界還是充滿疑問。

美中溫室氣體排放高局全球冠亞軍

過去美國的二氧化碳排放長期高居世界第一，但在2007年被中國超越後，目前兩國的差距越來越大。根據國際能源總署（IEA）2013年的統計，中國二氧化碳年排放量高達7954百萬噸，居全球之冠，而美國以5287百萬噸居次。

中國是全球最大的排放「煙囪」，能源效率低，改善的潛力大，理應提出較為積極的做法，結果卻提出一個最為消極的減量目標。該協議稱中國的減量目標是：「2030年為中國溫室氣體排放高峰」。白話文的意思是，今年中國的二氧化碳排放可增加，明年也可再增加，年年都可再增加，直到2030 年到達最高峰，之後才要逐年下降。並且隱含著，現在排放越多，2030年檢驗成果時，越容易減量。試問這是哪一門子的減量？

中國企圖利用核能來減少溫室氣體排放

另外中國宣稱：「非化石燃料的能源占比，在2030年達到20%」。這種目標很奇怪，因為一般國際上都是以「再生能源

佔總能源的比例」來當作節能減碳目標。因此令人懷疑中國開出這張支票的背後，就是要鑽一個巧門。因為中國目前正大力推廣核電，並計畫以此來減少化石燃料的比例。

截止2014年8月，中國核電已運行機組數量已達到21座，還在興建中的機組有26座。這不僅對中國的環境投下巨大變數，對台灣的潛在威脅也不小。因為這當中有許多核電廠都是設在浙江、福建與廣東沿海，一但有任何閃失，馬上禍及台灣。因此中國若有誠意，應該把目標改為「再生能源的占比達到 20%」，否則都是喊假的。

美國減量目標遠低於歐盟標準

至於美國提出「2025年的排放，要比2005年減少26-28%」的減量目標，這對歐盟來說絕對不會滿意。因為歐盟給自己訂下的目標是，2030年的排放要比1990年減少40%，並且再生能源的占比要高達27%。

由於歐盟是延續京都議定書的架構，因此計算減量目標都是以1990年為基準線。而美國因為未批准京都議定書，因此自行以2005年為計算減量的基準線。因為這兩者的立足點不同，所以美國的實質減量成果更少。

結語

因此美中兩國元首在 APEC 中，宣稱達成歷史性的溫室氣體減量協議，應該只是媒體公關行程，不會有任何實質效果。不管是歐盟或是環保團體，應該都不會接受。（原登於天下獨立評論，2014年11月28日）